Récits d'Humanisme

Du même auteur

Le Système de Leibniz et ses modèles mathématiques, PUF, 1982 (1re éd. 1968)
Hermès I, La Communication, Éditions de Minuit, 1969
Hermès II, L'Interférence, Éditions de Minuit, 1972
Hermès III, La Traduction, Éditions de Minuit, 1974
Jouvences, Sur Jules Verne, Éditions de Minuit, 1974
Auguste Comte, Leçons de philosophie positive, tome I, Hermann, 1975
Esthétiques sur Carpaccio, Hermann, 1975
Feux et signaux de brume, Zola, Grasset, 1975
Hermès IV, La Distribution, Éditions de Minuit, 1977
La Naissance de la physique dans le texte de Lucrèce, Éditions de Minuit, 1977
Hermès V, Passage du Nord-Ouest, Éditions de Minuit, 1980
Le Parasite, Grasset, 1980
Genèse, Grasset, 1982
Détachement, Flammarion, 1983
Rome. Le Livre des fondations, Grasset, 1983
Les Cinq Sens, Grasset, 1985
L'Hermaphrodite, Flammarion, 1987
Statues, François Bourin, 1987
Éléments d'histoire des sciences (en collaboration), Bordas, 1989
Le Contrat naturel, François Bourin, 1990
Le Tiers-Instruit, François Bourin, 1991
Discours de réception de Michel Serres à l'Académie française et réponse de Bertrand Poirot Delpech, François Bourin, 1991.
Éclaircissements (entretiens avec Bruno Latour), François Bourin, 1992
La Légende des Anges, Flammarion, 1993
Les Origines de la géométrie, Flammarion, 1993
Atlas, Julliard, 1994
Éloge de la philosophie en langue française, Fayard, 1995
Nouvelles du monde, Flammarion, 1997
Le Trésor, dictionnaire des sciences (en collaboration), Flammarion, 1997
À visage différent (en collaboration), Hermann, 1997
Paysages des sciences (en collaboration), Le Pommier, 1999
Variations sur le corps, Le Pommier, 1999
Hergé, mon ami, Éditions Moulinsart, 2000.
Hominescence, Le Pommier, 2001
L'Incandescent, Le Pommier, 2003
Jules Verne, la science et l'homme contemporain, Le Pommier, 2003
Rameaux, Le Pommier, 2004

relecture : Valérie Gautheron

ISBN 2-7465-0265-8

Michel Serres
de l'Académie française

Récits d'Humanisme

ESSAIS

Éditions
Le Pommier

À Florence

Voici le quatrième et dernier volume d'une série ouverte avec *Hominescence.* Poursuivie par *L'Incandescent* et *Rameaux,* elle a pour thème et pourrait avoir pour titre *Le Grand Récit.*

Trois fragments du Grand Récit

Non loin de l'isthme de Suez, voici plus de cent mille ans, temps et lieux incertains, une tribu d'Africains, attentifs et avachis autour d'un feu, campait. Interrompant soudain des palabres infinies, une poignée d'entre eux, excédés, se levèrent, décidés à pousser une pointe plus avant vers le soleil levant : pour voir, disaient les uns, pour jouer, ne disaient pas les autres, pour s'assurer meilleure chasse, prétendaient les plus sages, pour connaître, peut-être. Part-on jamais nombreux pour un but précis ? La fiancée de l'un, les mères de plusieurs, les chefs du clan, les prêtres sévères, des vieillards fatigués… exigèrent des écervelés qu'ils aient à revenir auprès d'eux, sinon le soir même, du moins assez vite, l'un pour préparer son mariage, les autres pour assister le groupe en sa vie ordinaire. En quelle langue se dirent-ils au revoir ou adieu et qui, le cœur battant, versa, ce matin-là, quelles larmes ?

Je raconte effrontément ce que j'ignore, car je ne sais ni si l'on se mariait, en ces temps, ni si l'on supportait déjà des chefs, à quel âge l'on mourait, ainsi ne puis-je dire quelles rides se creusaient sur la figure des anciens. Et cette tribu, savait-elle comment allumer du feu ? Surtout, droit devant, puis-je même imaginer les espaces vierges d'une planète, vieille de quatre milliards d'années, envahie par la vie depuis presque autant de temps, et pourtant sans hommes au-delà de ce campement, jusqu'à ce départ-là ? Puis-je peindre cette terre sans chemins, aux plantes non foulées, aux quadrupèdes peu farouches, aussi dangereuse et empoisonnée qu'une forêt pluviale, bourdonnante d'oiseaux multicolores qui se posent et pépient sur les épaules ? Puis-je rouvrir, ce jour, l'univers alors ouvert ?

Les quatre cinquièmes de mon récit nagent donc dans l'imaginaire naïf ; mais, quant au reste, je l'assure avec d'autant plus de certitude que nous vivons tous, aujourd'hui, comme survivants de cet épisode immanquable, qu'on peut dire fondateur, puisque, par lui, commence notre explosive expansion. Pas un seul homme dans le reste du monde sans cette circonstance-là. Mieux encore, je raconterai plusieurs fois la même scène primitive, dont nul ne peut désormais nier qu'elle dut se répéter, ici et là, sous autant de latitudes.

Or donc, ce soir-là, de cet isthme entre deux mers, le petit groupe disparut, happé au loin par l'horizon : têtes brûlées, enthousiastes, désespérés, victimes de chagrins ou de mépris, amoureux éperdus éconduits, débiteurs, renégats, flibustiers, assassins cherchant à cacher leur horrible secret à leurs proches, quelques adultes plus sages et mûrs, jeunes, femmes et mâles mêlés en mal d'amour, pas de vieux. Les voyant partir sans trop de raisons et sans vouloir eux-mêmes s'avouer ravis de se débarrasser de ce contingent d'excités, lourd à leur autorité, les chefs, mères et fiancées attendirent, impatiemment disaient-ils, leur retour.

Continuez à trier dans ce récit les éléments, nombreux, d'un décor de convenance et ceux, rares et sûrs, dont, au contraire, les témoignages abondent. De fait, sa pleine vérité dépend de son échelle de durée : ni la vie humaine ni l'histoire au sens usuel ne saurait l'embrasser ; pour accéder aux conditions qui permettent de le raconter, il leur manque des dizaines de milliers d'années. Déchiffreurs et lecteurs de carbone 14, de mille fossiles, du code génétique... nous ne pouvons le dire qu'aujourd'hui, où ces moyens nous placent assez haut pour observer, de là, des moments clés, dont celui-là, derrière des circonstances recouvertes par l'oubli, et donc pour que nous puissions jouir de ce conte, inouï aux oreilles de nos pères.

J'en reprends la suite. Les aventuriers s'attardèrent. On les attendit tant qu'on les attendit moins. Les vieillards moururent. Des enfants naquirent qui n'eurent jamais le moindre souvenir de cette séparation. Les filles se marièrent ou se desséchèrent, les chefs se succédèrent en prenant souvent des arrêts si opposés à leurs prédécesseurs que la continuité de la tradition manqua. Une patience sans espoir, d'abord, et l'oubli noir, enfin, prirent la place de l'espérance. Des séismes, des luttes contre les prédateurs et les tribus voisines, tout l'ordinaire des jours, préoccupèrent la fraction que les voyageurs avaient quittée.

Vint un temps où nul n'eut plus idée de ceux qui ce soir-là avaient disparu sans raison à l'horizon et dont un ouragan, la semaine suivante, avait tellement effacé les traces qu'égarés, ils n'avaient jamais retrouvé, dans la jungle épaisse, le chemin du retour. L'avaient-ils vraiment cherché, puisque chacun ou presque eût refusé de dire à quel point ce départ allégeait ses clavicules ?

Rien de plus cruel que la séparation, rien qui demeure plus dans les consciences, dans la chair noire la plus noire de l'oubli, rien ne s'envole, pourtant, aussi vite des mémoires. Plus dure la chose, plus profonde l'amnésie. Nous souvenons-nous de notre naissance, de notre sevrage, de l'accouchement où parut notre sœur puînée ? Nous n'avons de mémoire que pour les moins graves des arrachements. Mais nous souffrons d'eux à proportion des profondeurs où les premiers gisent assoupis, aussi brûlants pourtant que le cœur de la planète. Mon récit se passe de la connaissance de mille détails, mais s'alimente à ce savoir aussi sûr, aussi universel que douloureux.

Que devinrent ces voyageurs d'outre-Sinaï, aussi présents, aussi perdus que ces souvenirs ? Comme nous connaissons, aujourd'hui, la réponse, gigantesquement longue, à cette question, nous pouvons enfin la poser, mieux encore, raconter le récit de la péripétie qui la suscite : oubliés des Africains restés chez eux, oublieux de l'Afrique, leur berceau commun, leurs descendants peuplèrent l'Irlande et le Japon, la Carélie et l'île de Pâques. Nous vivons presque tous comme les résultats de cette décision-là. Nous y reviendrons.

Voici quelques années, un beau soir, je me trouvai sur une petite place, au centre d'Alice Springs, village australien au milieu de l'*outback*, seul visage pâle parmi quelques Aborigènes misérables, traînant sur les bancs, soûls pour la plupart. Le soleil baissait, je n'avais rien de mieux à faire qu'à les regarder me sourire ou se moquer de moi. Je me souvins alors d'une scène semblable, plus récente, puisqu'elle ne date que de soixante mille ans, et qui sans doute se développa, temps et lieux incertains, vers l'extrême orient des îles de la Sonde, dans un village de pêcheurs, à Timor ou Tanimbar, sur la mer d'Arafura. De toutes pièces, j'invente à nouveau ce hameau menu, ces huttes coniques aux toits de paille, ces bâtis en planches au-dessus des lagunes, ces longs filets sur la plage que les femmes réparent en attendant le débarqué des mâles, sentez les poissons odorants qu'elles cuisent, oubliez que je ne sais rien des jonques à bord desquelles les naturels de ces lieux et de cette époque mettaient à la voile ; les voici, devant vous, vaquant à leurs affaires, sous le même crépuscule court.

Mais je peux dire, sans souci de me tromper, qu'une fraction d'entre eux, le lendemain matin, prit la mer, avec ou sans espoir de retour, se sépara, peut-être sans raison valable, des enfants et de leurs compagnes, du groupe, le cœur brûlant ou léger, assurés de leur compétence en matière de marées, espérant aborder, sous le vent, à ces côtes d'en face que les mirages leur révélaient parfois en une lueur jaune au-dessus de l'horizon, et brûlant d'y découvrir de la nourriture abondante et des femmes faciles, des royaumes à prendre et d'inexprimables paradis. Puis-je rouvrir, ce jour, cette mer alors ouverte ?

Je parie que dans le groupe pullulaient génies et parias, comme en celui que j'aurais pu dire tantôt sorti d'Égypte. Qu'ils abordèrent de l'autre côté, nous le savons, puisqu'ils y habitent encore : les voilà, de l'autre côté de la place, misérables, traînant sur les bancs, soûls pour la plupart, tout sourire. Qu'ils n'aient jamais pu revenir, nous ne l'ignorons pas, puisque la fraction des familles – existait-il, alors, des familles ? – restée au pays, jamais ne les revit. La montée des eaux, conséquence de la déglaciation, multiplia-t-elle la largeur de tous les détroits jusqu'à les rendre impraticables ? Le régime des vents rendit-il la traversée de retour impossible ? Or ces errants, certainement, ne trouvèrent sur l'autre rivage ni vallée heureuse ni cité radieuse mais, au contraire le désert, la solitude, des animaux inconnus qui sautaient au lieu de courir, des crocodiles géants et des reptiles venimeux, des mers peu poissonneuses couvertes de méduses translucides vénéneuses, la faim, la soif, la misère, une lutte insensée pour survivre. Nés à ces terres infernales, sans mammifères domesticables, sans graminées, où l'on ne mangeait qu'épines et insectes, ils apprirent à leurs dépens que, le paradis perdu, ils l'avaient quitté sans espoir d'y jamais revenir. Et ils l'oublièrent comme ils furent oubliés.

Soixante mille ans plus tard, victimes de l'un des goulags les plus atroces de l'histoire humaine, les *convicts* anglais rencontrèrent, aux rives de la même Australie, ces frères de misère sans les reconnaître, comme ce soir je les vois, surgis des souvenirs fossiles de la terre et de ma conscience ; ces forçats vécurent, à nouveau, cette même expérience de famine et de désespoir. Si l'histoire garde souvenir de la souffrance de ces condamnés, il n'en existe pas pour la traversée des marins de Timor ; je viens, pour la première fois, d'en raconter l'aventure vraie. Du coup, je sens clamer, au fond de moi, la déréliction humaine des Aborigènes, sur les bancs de cette place. Ils crient leur misère comme leurs ancêtres soixante fois millénaires. Comme si l'évolution la plus vieille dans le temps humain et la plus large dans l'espace de la planète avait déjà joué, en de certains lieux privilégiés, la scène qu'il arrive que nous vivions sur le petit théâtre de nos relations, aussi bien que dans le mystère le plus retiré de notre intimité. Qui de nous n'a jamais pleuré l'abandon ?

Toujours la même scène première de séparation ; toujours la même crise de la mémoire et de l'oubli ; jadis tempérées, là tropicales, ici glaciaires parmi les loups et les ours.

Aussi fasciné par le passage du Nord-Ouest que par les glaciers du Groenland et du Spitzberg où, jeune, je contemplai longuement, de la passerelle de navigation, le vêlage des icebergs, d'un tour de main je rhabille mes acteurs, tantôt d'Afrique et de la Sonde, en fourrures de renard et de zibeline, je les chausse avec des peaux de phoque, je leur barbouille le visage avec la graisse extraite d'un lion de mer, je courbe leur dos face à la bise tranchante, je leur pends de la neige aux moustaches et aux sourcils, je les enfouis dans leurs igloos sur la banquise, je les envoie errer, chasser, pêcher avec patience au cours du jour unique d'été… Si vous ne croyez rien de ces détails, kitsch assurément, vous pouvez vous assurer sans peine de la véracité fondamentale de cette troisième séparation, frissonnante de froid et d'authenticité. Une partie de ces proto-Esquimaux dériva, par accident, sur une île flottante de glace cassée, à travers le détroit dit aujourd'hui de Behring, aux courants furieux que l'on ne remonte pas, et atteignit les falaises de ce que l'on appelle l'Alaska. Puis-je rouvrir, ce jour, ces rives alors ouvertes ?

Terre, terre ! On aborde sans se retourner ; en descendant le long du méridien, on cherche des zones plus clémentes, ravi d'abandonner ces latitudes inhabitables. Cela se passa plus récemment, il y a peut-être quinze petits milliers d'années, autant dire hier matin, lieux et temps incertains. Armé de harpons fabriqués en arêtes de baleine et de poignards en défenses de morse, les femmes ornées de colliers en dents d'ours, j'invente encore plaisamment, ce groupe se glissa entre l'océan et la ligne volcanique et continue que forment ensemble les Rocheuses et les Andes, et, en se multipliant, peupla le nouveau continent, aussi vide d'hommes que l'Australie ou l'Eurasie, jadis. Comme d'une corne d'abondance, sortirent de ces femmes, et de haut en bas, Delawares, Sioux des plaines, Incas des montagnes, Toltèques, Aztèques, Fuégiens, Araucans…

Qui, parmi les Chinois, Coréens, Sibériens de la rive primitive se souvint jamais de ces cousins proches, parvenus parfois sur le même continent à bord de radeaux minables, par les mers du Sud, et tout aussi vite oublieux de leur mère ou de leur amante ?

En somme : à Suez, entre mer Rouge et Méditerranée ; sur le littoral d'Arafura, humide et doux ; entre les glaces de Béringie, soudain épaissies par quelque nouvel épisode glaciaire… quelques décisions contingentes, je veux dire prises parfois sans raison, comme capricieusement, commencèrent, carrefour par carrefour, le nouveau destin humain. Sortis du rift kényan et de ses parages larges, où nous vécûmes stables – heureux ? – des millions d'années, nous nous mîmes à errer d'ici à là – inquiets ? –, changeant quelquefois subitement de direction : nous nous répandîmes partout. L'humain se raconte en récits de voyage, coupés de bifurcations. Nous venons d'en vivre trois.

Mais la scène recommence. Revenons à l'isthme de départ ou plutôt quittons-le, car je suis maintenant le parti qui abandonne sa tribu, installée autour de son feu ; celle-ci demeurera dans le temps africain commun, prodigieusement originaire. J'accompagne ceux-là, les fuyards, car je soupçonne que leur groupe comprend mes propres ancêtres et ceux de Poomena, née à Madras, brahmane de famille dravidienne, amie que j'aimais surprendre en extase dès que je me retournais, après quelques instants où, pris par mes affaires, je l'abandonnais.

M'avait-elle déjà oublié ? Cela se passait voilà quelques années. Le destin de ces aventuriers nous concerne tous deux et me passionne encore.

Je ne sais calculer à combien de morts s'éleva le coût de ce premier projet conçu auprès du foyer, dans l'isthme. Je suppose même que se succédèrent beaucoup de départs du genre, pour qu'enfin l'un d'eux réussisse son essai. Je continue d'inventer, mais au bout d'une durée dont je ne sais pas estimer la longueur, l'un de ces groupes, survivant, parvint en un endroit, plus haut en latitude et plus à l'est, certainement, où la même scène se reproduisit, circonstance certaine, temps et lieux incertains. Au jardin d'Éden, à Jérusalem, sur le chemin de Damas, face aux monts Caucase ? Je le répète, j'en sais l'essentiel, j'en ignore les modes. Pendant le voyage qui précéda la décision de se séparer une fois encore, dont on peut estimer la durée à des dizaines d'années ou, au contraire, à des milliers, ils ne purent soupçonner qu'on les appellerait un jour Pères de l'Eurasie. Deux sous-groupes se quittèrent, alors et là, l'un tirant au levant et l'autre vers le couchant, et, comme à l'accoutumée, s'oublièrent. Puis-je rouvrir, ce jour, cette fourche alors ouverte ?

Ainsi, chère Poomena, nous nous abandonnâmes, voilà moins de cent mille ans, tes ancêtres allant, sans le savoir, peupler l'Asie et spécialement les rives méridionales de l'Inde et les miens devenant européens et spécialement de Guyenne. Ne donnez à mon récit nulle valeur scientifique, je brode, je fais du roman, je prétends même coudre le plus ancien au plus nouveau de tous les romans, en écrivant le plus grand des récits d'humanisme, et qu'il met en lumière l'invariant matriciel et fatal de l'existence humaine : la séparation et l'oubli, l'abandon et la déréliction, amères décisions qui sculptent l'existence.

Ainsi l'on peut dire ce récit, même à moitié imaginaire, plus décisif que la philosophie et les sciences réunies, parce qu'à l'état naissant, profond, continu, il éclaire l'humain. Ces successives bifurcations le formèrent plus en moi que les décisions dites existentielles que je prends moi-même et qui contribuent, certes, à me former, à créer mon existence et à dire mon récit ; les dernières hautement superficielles, volant sur mon épiderme, les premières enfouies au tréfonds de mes gènes. Oui, nous ne cessâmes de partir, de nous quitter, d'abandonner, de nous abandonner, d'oublier, de nous oublier, de tirer chacun de notre côté, jusqu'à ce moment terminal et inaugural où, ayant marqué de ses orteils et de ses espérances, de pleurs et de quelques infamies tout l'espace terraqué de la planète devant soi, l'humanité revient sur soi. Elle ne se reconnaissait jamais entre soi, elle se sait désormais. Pardon, j'anticipe.

Mille paysages, maintenant. Ne l'oublions pas, ces hommes vivaient dans le monde, cent mille fois plus et mieux que nous, qui avons oublié, aussi, cet espace sauvage, aujourd'hui recouvert, arasé, enfoui. Rouvrons, pour mieux comprendre, ce que nul ne pouvait encore appeler des paysages. À chaque obstacle : montagnes aux dents blanches, Ararat ou Damāvend, verrous et bouchons de glace, passages vertigineux de vallées creuses, plaines d'un empan harassant, steppes désertiques pleine d'épines, mers ou lacs interminables, bois opaques, niches à carnassiers sauvages indomptables… mais aussi peut-être sans autre barrage que leurs rivalités sales, jalousies, appétit de pouvoir, haines recuites, explosives ou cachées… chaque poignée d'hommes ensemença, en son errance, l'étendue mondiale, de ses enfants, de ses mâles et de ses femmes, perdus. Des très forts et des trop faibles : alpinistes intrépides, coureurs increvables, inépuisables nageurs, ceux et celles qui sentent au loin et voient mieux dans le détail et le large ; mais aussi celles et ceux que l'on laisse, comme dans le fossé, amants éconduits, bouches trop nombreuses à nourrir, vieillards et nourrissons délaissés, malades et infirmes que l'on perd volontiers dans les bois, imbéciles à qui l'on abandonne les terres infertiles, lagunes molles, mangroves, lieux de chasse sans gibier, toundras pelées sans espoir. L'humanité avança en poussant des fous et des condamnés, en abandonnant les cadavres des infirmes et des audacieux, plus encore qu'en conquérant le monde, comme le voudrait l'épopée. La fragilité commence. En ces lieux abandonnés, les plus faibles inventèrent le courage et les techniques. La précarité commande. Lorsque nous nous retrouvâmes, Poomena, nous ne savions encore pas que nous nous conduisions ensemble comme rescapés anciennement abandonnés.

En bifurquant devant ces milliers d'obstacles, ces sous-groupes s'adaptèrent à des milieux différents et, comme des hommes, le firent à l'aide de ce que l'on appelle les cultures. Ils se mirent à mourir comme des mouches, très jeunes, ou, survivants, errant, traversant… à changer souvent de langues et d'usages, d'outils et de gestes, de couleurs et d'habitats. Ils devinrent presque comme des espèces à l'intérieur d'un même genre, sauf, bien sûr, qu'ils purent constamment se reproduire entre eux, laissant ainsi l'amour pouvoir toujours recoudre ce qu'avait déchiré l'abandon. Je dis espèce à la mode darwinienne pour pardonner, le plus généreusement du monde, à ceux qui ne reconnurent pas l'homme en ceux qu'ils rencontraient au large. Mais ils ne le reconnaissaient pas plus, lorsqu'ils vivaient au près. Les vieilles idées que nous enseignèrent certaines philosophies, dans l'Occident récent, que l'homme est un dieu pour l'homme ou un loup aussi bien, en disent moins sur l'adoration ou la haine que nous portons à autrui qu'elles ne montrent, en surabondance et en effet, que ceux qui les conçurent contemplèrent l'autre, évidemment, avec des yeux tels qu'ils le métamorphosèrent aussitôt en une autre espèce, divine ou animale, comme dans des *Fables*. Nous avons du mal à nous considérer comme semblables. Si tu parles bien ou sautes haut, je te préjuge extraterrestre, mutant ; misérable ou barbouillé de brique, je vois en toi un diable ou une sale bête. Je m'éloigne dans les deux cas. Je t'expédie dans une autre classe, moins sociale que d'histoire naturelle. La différence des climats, torrides ou glaciaires, celle des alimentations, carnée ou pêchée, celle des travaux agricoles ou des exploits cynégétiques... firent de chacun une quasi-espèce à soi seul. À ces causes toutes naturelles, nous joignons l'amour passionné que nous avons pour toute séparation : de classe, d'ordre, de hiérarchie, de jugement. L'abandon, encore lui, nous inspire de ranger ou de classifier.

Ainsi, ma chère Poomena, par chaleur ou mésestime, en raison des pluies ou des rites, devins-tu, par le temps, Dravidienne et brahmane immobile, vêtue d'un sari rouge dont, parfois, dans le temple où tu priais sans les voir, les génisses arrachaient les pans pour les ruminer, au risque de te mettre nue dans la foule. Ainsi, de mon côté, devins-je gascon, paysan et marinier, voyageur et, un peu, franciscain ; je me mis à écrire comme tu aimas t'extasier. Nous n'y pouvons rien, mais n'aimerais-tu pas, comme moi, apprendre comment vivait, en ces temps reculés, notre mère commune ? Si nous nous reconnûmes avec une aise aussi tendre, voici moins de dix ans, ne crois-tu pas que ce sentiment vint de la séparation tragique de nos deux parents, qui moururent, peut-être, voici des milliers d'années, regrettant leur désunion ? Il me semblait que nous nous en souvenions.

J'appris aussi que tes ancêtres, peut-être, se jetèrent, affamés, le long du littoral de Coromandel pour y creuser des marais salants et y faire le commerce du sel, bien précieux entre tous, mais je ne sus jamais pourquoi les miens, au moins ceux que je connus moi-même, se trouvèrent jetés non loin du littoral atlantique, en Gascogne, aux bords de Garonne, où je naquis. Nul ne me l'apprit, ni mes parents, cultivateurs embarqués, rescapés de guerres ignobles, ni le maître d'école, qui aimait discourir noblement de tueurs comme Napoléon ou Foch, ni le curé du village qui bénissait les champs et vénérait Jeanne d'Arc, cheval, bannière et casque compris, ni toute l'histoire dont ceux-là me droguèrent plus tard, ni ma culture classique, ni la philosophie la plus large d'empan : tous trop courts. Ils m'apprirent à penser borné.

Et je quittai, moi aussi, dès l'enfance, le paradis aquitain. Adieu. Nous disons, dans ma langue : *adischats*. Je partis, l'on m'oublia. Ils demeurèrent, je les perdis de vue. Nous nous abandonnâmes aux torts réciproques, avec la plus douce bienveillance du monde. Je croyais entamer alors, mon tour du monde, alors que je commençais tout simplement mon grand voyage de retour. Il faut décidément changer tout le vocabulaire que l'école, l'écriture, l'histoire et la culture nous enseignèrent. Car chaque voyage où l'on croit avancer revient en fait ou rebrousse chemin. Les coureurs de brousse, explorateurs et loups de mer, aventuriers de tout poil comme je rêvais de le devenir, ne faisaient que revenir, se retourner, reprendre la route à l'envers, sur l'immense durée de l'hominisation. Vasco de Gama, Christophe Colomb, Marco Polo, Jacques Cartier, Samuel Champlain... vedettes du retour d'âge.

Embarqué, en 1956 – avouez, ici, le comique dérisoire de la datation, par rapport à l'échelle des temps de tantôt –, pour le canal et l'isthme de Suez, savais-je que je revenais, moi aussi, en petit, aux lieux, aussi incertains que les temps, d'une scène primitive certaine, dont je portais en moi, comme mille générations avant moi, la blessure ? À bord, chacun, dans sa bannette, pensait à la mer, à la guerre et à la politique, bref, à l'histoire brève, certains même, dont je faisais partie, s'inclinèrent, en mer Rouge, à la première vue du Sinaï, mais qui pouvait penser qu'il portait en ses gènes et son âme, l'oublieux souvenir de l'abandon premier ? À quelles piètres occupations martiales ou maritimes nous vouions-nous alors que, sous le poids des pyramides et l'ombre des sarcophages, la terre y contenait, encore plus enfouis, de tels secrets ?

Combien de fois ai-je pensé à ces scènes primaires, en survolant les Aléoutiennes ou en traversant l'*outback* australien ? Je revenais enfin. Je ne cessais de boucler des boucles. Je n'explorais plus le monde, comme le croyaient mes récents prédécesseurs, mais retraçais à l'envers l'ensemble des routes que nombre de générations humaines avaient parcourues depuis à peine cent mille ans. Comment l'Occident a-t-il pu laisser dire, sauf par vantardise – méritée parfois –, qu'il avait hardiment découvert tous les paysages de la Terre, alors que ce bouclage, l'humanité dans son ensemble l'avait accompli déjà voilà des dizaines de milliers d'années ? Non, il revenait sur soi. Et je retournais aussi. Mais l'école et l'écriture, nos histoires et cultures aveuglaient notre mémoire.

Ces mille scènes primitives, où se nouent les embranchements et se coupent les groupes, ces péripéties décisives et répétées, si variées en marcheurs kényans, matelots des îles ou chasseurs du pôle, si diverses en climats humides ou hautes latitudes, mais si semblables en abandons, déchirements et oublis, mieux encore, identiques, je le répète, en ce que nous ressentons de pathétique arrachement au fond de nos consciences, ne doit-on pas les doubler toutes, par symétrie, avec des scènes vécues, multiples, souvent dessinées, comiquement racontées, historiquement documentées, de rencontres récentes où le tragique se mêle au ridicule, la cruauté à l'ignorance et l'assurance hautaine à la sottise ?

Quittons, alors, les temps longs que l'on ne peut raconter que depuis peu, pour regagner la petite durée déjà récrite par l'histoire, celle de mes instituteurs et de nos patries, même la microscopique durée de nos vies singulières, les fragments d'autobiographies communes que je partageais avec Poomena. Nous n'avons aucun mal à nous souvenir de ces pilotes portugais ou basques, de ces marins hollandais, français, anglais, de ces explorateurs européens… débarqués en Afrique, en Amérique du Sud, en Inde, dans les îles de l'Océanie, de ces naturalistes herborisant dans les hautes steppes de l'Altiplano et de Sibérie, de ces colonisateurs de dix farines… Oui, nous nous en souvenons si bien qu'ils font partie de notre aventure éducative, noble, certes, en ce qu'elle incitait à visiter l'univers et à en découvrir la connaissance, mais ignoble d'impérialisme sanglant. Pendant ces trois derniers siècles, fort courts, comment se comportèrent ces doctes et ces flibustiers envers les descendants de leurs propres ancêtres, sinon en répondant à leurs avances par des crachats et des tirs de mousqueterie ?

À ces scènes trop connues de rencontres manquées, de rixes inégales, d'incompréhension plus que de tolérance et de pitié, que je préférerais oublier, je veux substituer une autre scène commune, symétrique, qui donnerait à cette vieille histoire, si récente, le coup d'arrêt qu'elle mérite, en même temps qu'un coup d'envoi de ma façon au nouveau récit, le plus long, où les conduites différeraient de ces injures et de ces meurtres par le souvenir naissant de l'immense durée commencée à la sortie d'Afrique et continuée aujourd'hui.

Le récit nouveau que j'inaugure rattache donc le temps long à l'ère à venir en sautant à pieds joints au-dessus de l'histoire ; telle que nous la disons et lisons, elle ne commence qu'avec les écritures humaines, alors que le Grand Récit se déploie sous nos yeux dès que nous savons déchiffrer celles de nature, gravées sur ou dans le rayonnement cosmologique, la brillance des étoiles, le poids des atomes, les strates terrestres, les fossiles et les molécules. Comme nous commençons à lire, à livre ouvert, en ces choses tacites, inertes ou vives, notre temps contemporain se coud à celui de ces traces, illisibles au cours de l'histoire ; elle ouvrit une crevasse que nous avons à franchir.

Sur une lèvre amont de cette coupure, j'ai maladroitement brossé trois variations plus que probables sur les scènes primitives de séparation. Va suivre un livre dont les récits tentent de fermer cette crevasse, d'en cicatriser la blessure, d'en fermer la parenthèse, d'ouvrir l'espérance d'une nouvelle ère humaniste, connectée au Grand Récit. En attendant, je compose maintenant, sur la lèvre aval, la partition finale de nos retrouvailles.

*

Oyons désormais, répété par tous les échos dans les grottes du monde, le même cri déchirant, pleuré sur des musiques variées : pourquoi m'as-tu abandonné ?

Pourquoi, demeurés de ce côté du Sinaï, nous avez-vous perdus, alors que nous errions au désert, entre Égypte et Terre promise ? Et pourquoi vous, voyageurs, avez-vous délaissé vos parents, de l'autre côté de l'isthme ? Pourquoi, pêcheurs aux rivages chauds de Timor, avez-vous abandonné à leur sort famélique vos parents naufragés par les déserts d'épines, de l'autre côté de la mer ? Et pourquoi, installés en une plaine exubérante d'herbes et de bisons, avez-vous abandonné vos misérables frères, prisonniers de parages glaciaires ? Pourquoi, gavés de viandes et de graminées, n'avez-vous pas couru, à cheval, les délivrer de leurs igloos ?

Un temps long avait passé, aussi peu racontable que l'oubli. Vous le savez : n'existe que ce qu'on dit. Ni vous ni moi ni personne n'existons sans réciter notre existence, même au quotidien ; il faut se raconter pour naître ; même une chose, il faut la relater pour qu'elle ait lieu. L'épisode à trois facettes de tantôt, nul ne pouvait s'en souvenir ni donc le réciter, parce que n'existait aucune connexion entre ce que nous vivons maintenant et ce que nous vivions voici cent mille ans. Nous n'avions pas fait ce pont. Comme des enfants, nous ne disposions que d'histoires brèves, sans aucune tradition blanchie par le temps. Et ces histoires nous séparaient, alors que ce nouveau pont nous unit. Comme ce récit et son temps se nouent seulement aujourd'hui, vers un amont inimaginable hier, ces choses, enfin racontables, se remettent doucement à exister. Nous les lisons dans les sables et les ADN. Entrons-nous dans une ère de nouveaux romans, de récits et de littératures neufs, contes et rêves sans lesquels l'humanité disparaîtrait ? Quand nous prétendions nous raconter, sur quelques millénaires seulement, nous renforcions nos séparations, accentuions nos abandons, ne récitions que du local et du court, de l'européen, de l'asiatique, de l'histoire seulement. Qui pouvait donc dire : humanité ? Personne. La geste globale enfin se récite, partant du tronc d'Afrique vers des rameaux qui semblaient divers, mais dont nous avions oublié l'ente. Nous pouvons enfin raconter l'humanisme.

Par le nouveau pontage de ces temps, par la couture entre l'écriture des hommes et celle des choses, nous comprenons enfin pourquoi vous nous aviez abandonnés, pourquoi vous nous aviez oubliés, au point que vous ne nous reconnaissiez plus, lorsque nous nous retrouvions, au point que vous ne nous considériez même pas comme des hommes comme vous. Et nous, pourquoi vous avions-nous abandonnés ? Pourquoi, gavés de savoir, fiers de nos sciences, pétris de culture, ne nous retournâmes-nous jamais assez pour nous ressouvenir de vous ? Sonne aujourd'hui la fin de cette méconnaissance ; nous pouvons enfin raconter nos séparations premières, nous pouvons enfin raccorder le temps de nos abandons à celui de nos retrouvailles.

Pourquoi m'as-tu abandonné ?

Oyons par après, répétés par tous les échos dans les grottes du monde, le même murmure de pardon, chanté sur des musiques variées : oui, je me souviens de toi.

Je me souviens enfin de l'ère où nous jouions ensemble comme des frères, où nous chassions sur les mêmes terres, quitte à nous fâcher tout rouge à l'heure où nous devions partager la cuisse et le cuir de la même antilope. Je me souviens surtout du jour et de l'heure, vers le Sinaï, à Timor ou en Béringie, où, le cœur déchiré, nous nous sommes séparés, où tu partis de l'autre côté de l'horizon, trois fois, contente de me quitter. Je me souviens. Je me tenais debout, courageux, pensant m'effondrer en sanglots. Pendant de cruelles minutes, je n'ai vu que ton dos, raide, marchant droitement sans te retourner. Tu reviens enfin. Je t'ai attendue cent mille ans ; s'il avait fallu, je t'aurais attendue des millénaires de plus. Viens, je te pardonne.

Pardonne-moi, toi aussi, car tu savais, de ton côté, que je t'avais cruellement abandonnée. Délaissée, oubliée. Pendant que tu partais, tu attendais, le dos raidi d'angoisse, que je crie au moins une fois ton nom ; tu n'as entendu aucun cri de rappel. Merci de revenir sous les traits de ton arrière-arrière-arrière… arrière-petite-fille, reçue par un aussi multiplement arrière-petit-fils. Viens, abandonne-toi, laisse-moi te prendre dans mes bras. Je me souviens de toi. Je ne cesserai désormais de me souvenir de toi. Aie pitié, souviens-toi aussi de moi, ne cesse plus, je t'en supplie, de te souvenir de moi. Ne me quitte plus. Écrivons sur le grès des falaises et dans les hurlements du vent notre histoire commune et chantons sans cesse, pour les encoder en nos âmes et nos gènes, l'unisson de ces deux scènes, cousons ces retrouvailles récentes aux séparations qui nous déchirèrent jadis.

Et si nous laissions là, de nouveau et de surcroît, les injustices que nous faisions à nos pères, j'entends ceux de l'histoire récente, récrite à chaque génération pour redresser vindicativement des torts ? Non, ne jugeons plus iniques et cruels ceux qui se trouvaient naguère monstrueux les uns les autres en raison de la couleur de leur peau, du port et des gestes de leur corps, de coutumes étranges préjugées barbares. Non, car ceux ou celles qui nous abandonnent, nous les réputons des monstres ; nous ne les reconnaissons plus, nous les voyons autres. Transformés parce que déjà décidés. Sans le savoir, nos pères proches, les miens et les vôtres aussi bien, reprochaient ainsi, je veux dire en les trouvant étranges, reprochaient, dis-je, aux descendants de leurs ancêtres réciproques d'avoir cruellement abandonné les leurs ; ils raisonnaient juste, à tout prendre, et non faux comme nous le croyions. Leur conduite abjecte criait, elle aussi, mais dans une langue sotte : pourquoi nous sommes-nous abandonnés les uns les autres ? Comprenons donc la cruauté de nos pères dans nos pardons communs. Nous ne pouvons court-circuiter l'histoire en reprenant ses ressentiments.

Nous nous pardonnons aujourd'hui ces scènes premières de la séparation humaine universelle. Nous nous souvenons d'elles, certaines, identiques partout et variables pourtant, dans le décor, les personnes, les langues, les couleurs et les sons, temps et lieux incertains. Jouons, de fait et dès aujourd'hui, la seconde. Rouvrons l'univers ouvert. Nous nous souvenons ; nous chantons l'accueil et psalmodions les rencontres. Par ces deux actes, le temps change : le long ponte le court. Rouvrons la durée de l'hominisation.

Oyons, chantons, psalmodions... Je ne saurais dire à quel point je regrette de ne pas composer de musique. Ces pleurs d'abandon, ces cris de retrouvailles, je viens de les raconter, mais n'essaie que de les dire, que de les écrire, avec de l'encre tacite, sur du papier muet, l'oreille éteinte, l'âme attristée. Le sens bouche et interrompt ces sons ; les sons seuls font se fondre ensemble les sens, en les traversant. Pis, ces récits relatent des séparations multiples, dont changent les prétextes et les raisons, ressassées en des langues diverses, oubliées, peu traduisibles en dialectes intelligibles aujourd'hui. Et pour les rencontres finales, mille fois multipliées au gré de ces voyages, que j'appelle de retour, héroïques naguère et usuels aujourd'hui, a-t-on jamais trouvé de bons traducteurs ? Comment raconter en plusieurs langues à la fois, comment dire à plusieurs voix ce récit que souhaiteraient entendre toutes les oreilles de la terre ?

Par la musique. Chaque langage dit une partition de la musique humaine. Il faudrait faire ouïr ces complaintes, aussi tendues que tempêtes, aussi discrètes que brises, et ces retrouvailles, violentes et tendres comme caresses d'amour. Mes récits enjambent des temps plus longs que la vie des langues, racontent des circonstances factuelles, ponctuelles, colorées, imprévisibles, mettent en scène des hommes et des femmes, accoutrés, pomponnés à la hâte, qui décident d'aller là ou ici sans toujours de bonnes raisons, dans le caprice du moment et à la contingence, comme nous journellement et comme l'on criait dans la marine, aux manœuvres des mauvais moments, sous la tempête : à Dieu vat !... Je les entends pleurer de misère, hurler de colère, les femmes se tordent les mains, amants et amantes risquent le suicide, écoutez gémir les adolescents... Ces récits en larmes nous désespèrent de concourir encore à l'immense rhapsodie personnelle, collective, universelle, pathétique de la déréliction, mais leur tonalité intraduisible aide encore à comprendre pourquoi nos pères, nos histoires, nos cultures, attachées à un langage et pis encore, à l'écriture, ne pouvaient rien comprendre lorsque leurs visages si pâles rencontraient des rouges et des noirs, des jaunes et des sombres. Que n'écoutaient-ils leurs tambours, leurs harpes, leurs trompes ? Pour mieux entendre ces sanglots et les comprendre ensemble, il faudrait pouvoir composer ces contes simultanément dans toutes les langues, qui, de leur partition, feraient chœur et orchestre, exprimant l'abandon et l'aventure, l'espérance et le déchirement, le temps interminable de l'attente et la péripétie contingente, l'oubli et le souvenir, bienveillance et cruauté, pitié implacable... en une intégrale inexprimable autrement qu'en musique. Même mon écran, prétendument magique, n'aide point à cet empilement, à cette polyphonie dense. Seule la musique...

Au secours donc, vents et volatiles, muses, musiciens, venez, troubadours, détourner en sons ce nouveau récit, le seul projet qui vaille pour l'humanité en voie de se retrouver. Composer de la musique pour recomposer l'humanité ! À moi, pinsons et alizés, rossignols et tramontanes, séismes et tonnerres, brames et marées, modes pentaphones des Bédouins, tam-tams dans la brousse du Niger, mélopées de femmes voilées de sombre aux funérailles corses, trompettistes ivres de jazz dans les bars de La Nouvelle-Orléans, clavecin sophistiqué de Couperin et de Rameau, bruit de fond à la Xenakis, opéra de Pékin aux sonnailles assourdissantes, danses balinaises douces, *Requiem* extatique de Fauré... plus ce que j'entendis, adulte, des Aborigènes, et, jeune marin, des bombardes bretonnes et des cornemuses celtiques... que ce chaos cohérent, que ce tintamarre symphonique accompagne mes visites dans les familles bien-aimées que ma vie coud ensemble, comme si mon autobiographie en orchestrait les particulières partitions, tentait d'harmoniser leurs différences, de blanchir les couleurs de leur kaléidoscope linguistique, comme si le temps foudroyant de mon existence pouvait, ô miracle, projeter en lui-même, comme en un miroir, non, comme dans le coup soudain d'une cymbale retentissante, le temps le plus long de l'hominisation. Non, non, ne croyez vraiment pas que je voyage, que j'explore, que je pousse en avant, non, je ne fais que revenir, retrouver mes amis les plus intimes, autrefois abandonnés, Poomena, ma sœur la Dravidienne, et mon frère aborigène d'Alice Springs, et d'autres encore délaissés jadis, retrouvés hier à Melbourne et à Florence, à Terre-Neuve et dans le Berry, à São Paulo et dans les vallées du Queyras, sur les rives du Pacifique, de l'Inde et du cap de Bonne- Espérance, au Mali, en Gascogne, à Djibouti… comme si, loin d'un « chez moi » si récent que j'ai presque honte de ma nostalgie, je reliais enfin des fragments de réponses aux morceaux de questions posées par mes ancêtres, des fossiles de ma langue dans les racines de la leur, quelques débris de mélodies qui pouvaient compléter mes sonates inachevées ; par un accord soudain, d'un complexité folle, je les entends soudain s'entretenir en moi, comme proches de moi ; nous jouons, ici et maintenant, dans le même orchestre éclaté, l'identique partition d'une polyphonie qu'ils pourraient signer aussi bien que moi. J'entends l'humain en moi sourdre en toutes langues.

Fin de l'ouverture.

Je :
des récits subjectifs

Retour au berceau

Ma fureur vire à l'extase. Debout dans la queue d'attente, impatient de voir une hôtesse ouvrir le guichet pour enregistrer le vol Paris-Le Cap de 20 heures, je vois une annonce s'allumer : douze heures de retard. Colère, non, émerveillement. L'insomnie du voyage, ordinairement nocturne, se change, le lendemain matin, en paysages larges qu'illumine le soleil ; du nord au sud, l'Afrique défile ; passé Garonne et les Pyrénées, puis la mer souriante et les Atlas brunâtres, le Sahara déploie ses dunes jaunes et, sous la ganse du Niger, la forêt pluviale son enfer vert ; de nouveau, la zone tempérée, puis les quarantièmes hurlants ; j'atterris nourri de la beauté du monde. Quand traverserai-je à pied le continent-berceau ?

Le dîner du soir réunit plusieurs écrivains africains, en majorité anglophones. Tous angoissés par l'état, souvent tragique, de leurs pays respectifs, ils cherchent des solutions, surtout dans l'éducation, prioritaire et à long terme. Comme ivre soudain, je me lève et raconte la naissance africaine de l'homme, l'expansion de l'espèce dans l'espace, le Grand Récit du monde et du genre humain. Racontons, dis-je, à tous les enfants ce récit-là, commun à tous, et enseignons-leur, par bribes, les sciences qui le produisirent ! Répandons par le monde ce récit-là, synthèse des savoirs communs à tous ! Mes amis se lèvent à leur tour, rient et boivent avec moi : célébrons, dès le berceau, l'instruction universelle et la paix qui s'ensuivra.

Seul, j'avais visité l'enchantement des climats que je désirais parcourir pas à pas. Au cours du repas fraternel, nous chantâmes, unanimes, l'humanisme neuf. Sur chaque montagne, mer, désert, ville ou hameau, nous vîmes se visser une trombe pointe en bas qui allait s'évasant, de l'individu solitaire, piéton en route dans son paysage, aux communautés culturelles qui découpent encore et constellent la planète, vers le cercle enfin, au centre partout et à la circonférence nulle part, de l'humanité, issue de ce continent.

Trois étages d'une fusée dont, bonne nouvelle, nous savons enfin construire le dernier module.

Humanisme

Jusqu'à aujourd'hui, en effet, l'humanisme n'eut jamais lieu parce que l'homme universel qu'il évoquait n'existait pas. En un sens restreint, ce mot abstrait désigna, dès la Renaissance, l'ensemble des tentatives, réussies ou avortées, en faveur des lettres latines, d'abord, et grecques, par la suite. Le développement de la scholastique les avaient, au Moyen Âge, étouffées ; empiriste et logique, cette philosophie, fermée dans l'université, méprise les récits de la littérature.

Datant de l'âge classique, et encore vivace en Belgique et dans les pays de langue anglaise, le terme humanités couvre ces mêmes études, grecques et latines, dont le loisir fleurit en Europe assez longtemps pour qu'il en reste, ici et maintenant, de rares témoins. Renaîtront-elles en Occident pour tirer de la laideur et de la barbarie les classes dominantes dont des générations arrogantes refusèrent naguère de transmettre aux futures la sagesse mère de la Méditerranée ?

Avant que s'effondre cette beauté, quelques érudits allemands du XIXe siècle avaient désigné par le mot *Humanismus* une doctrine générale, une pédagogie fondées toutes deux, en souvenir des érudits de la Renaissance et des philosophes du XVIIIe siècle, sur ce que, depuis les Lumières au moins, l'on nommait aveuglément la nature humaine. Qui se doutait alors que cette conception imposait de fait à tous les habitants de la planète des usages d'Occident ? Cet humanisme risque moins encore de renaître que l'autre ; il évoquait, ou de cette façon, narcisse et impérialiste, ou de manière inaccessible, l'homme universel : il n'eut donc pas lieu.

Il vient de naître aujourd'hui, d'une tout autre source. Tiré de la paléoanthropologie, de la biochimie et de quelques autres disciplines expertes dans les datations, le Grand Récit qui raconte l'émergence, l'expansion et les voyages aventureux d'*Homo sapiens* permet de dessiner l'arbre généalogique d'une seule et même famille et donc d'accéder à un nouvel universel.

Et, de nouveau : existe-t-il une nature humaine ? qu'est-ce donc que l'homme ? À ces deux questions, chaque réponse proposée par la tradition tente de définir notre espèce en général. Mais toujours quelque critique, ironique et judicieux, oppose à chaque essai une bête dite brute qui correspond à cette définition, soit parce qu'elle a deux pieds sans plume ou qu'elle rit, soit qu'experte, elle fabrique des outils, qu'elle fait l'amour face à face... Fourmis, termites, castors, chimpanzés, bonobos... voilà, que je sache, autant d'animaux politiques. Et combien de fois, mon âme, avez-vous assisté à la réception du corps diplomatique par un chef d'État ou, malade, à la visite d'un patron de médecine précédant sa suite... sans reconnaître là, immanquable, quelque mâle dingo dominant ses femelles et autres dépendants, un coq en gloire dans la basse-cour parmi poules et chapons, un lion de mer sur la plage sale, levant son cou flasque ? Éthologie et génétique savent mesurer cette distance infime à nos cousins animaux.

Que l'on définisse enfin l'homme comme une chose qui pense, combien en avez-vous rencontré sur la place publique ou dans quelque amphithéâtre ? Inversement, qui vous assure qu'aucune bête n'a conscience de soi, que la vache dans son pré ne médite pas sur ce pourquoi elle se trouve comme jetée dans ce carré de luzerne, ruminant sa déréliction ? Qui d'entre nous entra jamais dans la cœnesthésie d'une chauve-souris ?

Une fois rejetées ces définitions absurdes, une fois fermés ces accès à l'homme universel, il semble plus aisé de répondre à la question : qui es-tu, toi, mon prochain, mon voisin, que je fréquente au quotidien et crois connaître ? Pour ce faire, j'utilise encore couramment concepts ou adjectifs, comme lorsque je cherchais à définir, plus haut, l'homme comme tel : je juge telle ou tel scélérat ou ange de bonté, généreuse ou égoïste... Or ceux qui ainsi condamnent ou louent savent en surabondance qu'eux-mêmes, parfois réputés pour leur douceur, peuvent, selon les circonstances, devenir des tigres, et qu'aujourd'hui volage, voilà, demain, telle fidèle. Ainsi composées de termes ou de qualités, ces définitions, incorrectes ou injustes, pèchent par une constance que le temps ni la vie ne tiennent. Enfin, de quel droit juger ?

Par quelle voie, dès lors, rencontrer l'autre pour lui rendre enfin justice de sa singularité ? Vivre amoureusement plus de cinquante ans auprès d'une compagne chère montre qu'atteindre vraiment l'intimité d'autrui peut rester une entreprise sans espoir. Tel geste, telle parole, telle conduite imprévisibles amènent à poser encore la question : qui est-elle donc ?

Décidément, nous la posons mal. Sans doute pèche-t-elle par l'usage du verbe être : vide, formel, zérovalent et omnivalent à la fois comme l'inconnue *x* de l'algèbre, blanc sans couleur et somme de toutes les couleurs, équivalent général de la grammaire et de la philosophie, il ne prend sens qu'à devenir, au passif, l'auxiliaire d'un autre ; être éconduit, aimé, agréé ou chassé se comprend mieux qu'être tout court.

Mieux encore, au cours de notre histoire, au moins dans sa branche intelligente, toute science, toute connaissance, toute pratique, même médicale… ne se développèrent jusqu'à l'efficace des opérations qu'à la condition d'abandonner la conjugaison de ce verbe, je veux dire ces définitions logiques, l'ensemble des questions en : qu'est-ce que…, formelles, générales, immobiles, jamais falsifiables… bref de délaisser l'être, l'essence, et même, peut-être, l'existence, pour entrer dans le temps et le détail ambigu du vif.

Discours de l'Être et majuscule substantivation de cet auxiliaire minuscule, l'ontologie, de portée à la fois nulle et totale, accède donc à l'omnitude et au néant, comme la valeur du verbe qu'elle répète jusqu'à la nausée, ou ne prend sens qu'associée, comme lui, à des actes, des états ou des cas. Au moins a-t-elle la vertu, au demeurant sublime, de s'efforcer à estimer la somme, l'intégrale… indispensables, sans doute, mais inaccessibles ou absentes, de tous les étants singuliers, paysagers, de tous les récits, savoirs et littératures. D'où vient le fourmillement subit de ces détails inattendus ?

Récits de ma vie

De ceci. À la question portant sur l'homme universel, genre ou espèce pour le moment inabordable, parce que trop loin et peut-être inexistant, ou sur autrui, tout proche, mais aussi difficile d'accès, même dans l'amour, je peux substituer la demande : qui suis-je, moi ? À cette question, aussi mal posée que les précédentes, l'Antiquité répondait par des appartenances : je me définissais comme citoyen d'Athènes, esclave ou ilote, participant aux jeux Olympiques, bénéficiaire du droit romain... Je faisais ainsi partie d'une communauté, quitte à rejeter les autres vers l'étrangeté de la Barbarie. Nous perpétuons souvent et aujourd'hui encore cette manière de répondre, toujours ivres d'une appartenance. Apparemment formelles, ces définitions utilisant le verbe être cachent en effet le plus souvent ce que j'ai nommé la *libido* d'appartenir. La question : qui suis-je ? y signifie : à quel groupe désiré-je m'attacher ? de quel collectif me sentirais-je exclu ? *Rameaux* dit comment, évitant essence, logique ou concepts à la grecque, saint Paul cherche à nous arracher auxdites partitions en répondant à la question par l'identité pure *je = je*, hors de toute société. Mais comment remplir cette équation formelle, vide et nulle, qui décrit l'ipséité personnelle (moi-même : *ipse*) par le principe, à nouveau logique, de l'identité (le même : *idem*) ?

Pour le faire, saint Paul, lui encore, puis saint Augustin, et, après eux, Montaigne, Rousseau, Chateaubriand, Stendhal, suivis d'une foule de contemporains, passent de la logique à la littérature et racontent leur vie, assurés, comme tout passant de la rue, qu'un récit, même fragmentaire, dit plus et mieux qu'une définition. Elle figée, lui détaillé ; elle raide, lui souple ; elle nécessaire, lui contingent pour accueillir les circonstances ; l'une abstraite et négligeant le temps, l'autre percolant dans la durée vivante ; l'une finalement fausse, par confusion de l'individuel et du collectif, et vite, par là, injuste ou raciste, l'autre adapté, avec exactitude et précision, à la singularité de l'individu, à ses changements d'attitude, aux carrefours de son aventure, aux détails pittoresques des paysages, eux-mêmes actifs en ses rencontres. Les Actes des Apôtres, les Épîtres de saint Paul, les *Confessions*, *Rêveries*, *Mémoires* et autobiographies des suivants fourmillent, ainsi, de mille récits dont le héros décrit et traverse hasards et avatars, parmi sentiers de montagne et naufrages, souffrances, joies et désespoirs, toutes tribulations dont le buissonnement détaille la petite monnaie du *moi*. Je célèbre, aujourd'hui, l'invention de cette forme contingente avec autant de raisons ravies que je fêtai, jadis, celle de la nécessaire géométrie.

Populaire, parfois méprisé, pourtant soutenu par dix écrivains et autant de philosophes, cet usage de raconter sa vie par le menu plonge, en effet, plus profond qu'abstractions et quintessences. Le récit l'emporte sur le concept. Plongé dans un environnement et des circonstances singulières, tel événement et les actes qu'il entraîne traduisent un caractère, le trahissent, le révèlent, l'expriment et, derrière ce profil mouvant et dans le ton de cette évocation, je vois tendances et couleurs, alors qu'une définition logico-ontologique eût brouillé le paysage de cette âme, raidi le contour de ce visage, obscurci la teinte de sa personnalité, caché le pays qu'elle traverse, perdu le temps original de ses espoirs errants ; comme elle exclut la contradiction, elle ne comprend aucune vie : le saint pèche, le héros a peur, le génie se trompe et, dans la même heure, je t'aime un peu, beaucoup, passionnément et pas du tout. Durée, projets, actes, situation et environnement, émotions, désirs et réalisations, relations riches ou rares, travaux… entrent dans une narration, sans début ni fin, tant que vous vivez, sans queue ni tête même, si vous le voulez : *ecce homo.* Les affects et circonstances avancent sur l'essence et l'existence, deux concepts aussi abstraits l'un que l'autre. Qui suis-je, qui es-tu, qui est-il ? Le verbe être creuse un trou d'évacuation qui vide toute réponse à une question où il entre, alors que le conte d'une vie, même minuscule, celle d'une autre, choisie, ou la mienne, timide, tisse une sorte d'entrelacs qui obture ce trou-là.

Qui suis-je ? Ma vie, temps original dont le déploiement ici et là, hier et maintenant, se raconte, en compagnie de comparses, parmi un pays varié. Qui suis-je, donc ? Ce conte-là, le détail de ses stations, coups de théâtre et rebondissements, l'aridité ou le feuillu du pays où il se déploie, le bord extrême de son présent où le passé, devenu nécessaire, plonge soudain, comme une plaque tectonique, sous la contingence imprévisible de l'avenir. Qui suis-je ? Cette narration charnue, son espace et son temps : ce récit et son paysage. Me voilà héros de conte, personnage défini d'un certain genre littéraire, passant subrepticement d'acteur de ma vie au rôle d'acteur dans ma représentation. Oui, la question : qui suis-je ? reçoit une meilleure réponse dans le récit que dans la définition, en littérature qu'en logique ou en ontologie. À moins que celle-ci, loin de mépriser celle-là, lui rende ses lettres de créance et témoigne de sa profondeur. Depuis longtemps je déclare que seule la philosophie peut démontrer que la littérature dit des choses plus profondes que celles que la philosophie cherche à démontrer.

Nourris d'humanités dès l'âge tendre, nous prenions plaisir à lire les *Vies* de Plutarque, non seulement parce que, parallèles, elles rapprochent deux destins, mais par l'intérêt qui nous liait à ces exemples illustres. Nous aimions Romulus et Thésée, nous les aimons moins, mais nous adulons encore les champions dont les vies accèdent au récit d'autant plus aisément que leurs exploits étonnent. Ceux qui les prennent pour exemples agglutinent leur mimétisme pour, fascinés, les entendre raconter. Leur publicité constitue le public. Ainsi dévorons-nous les journaux sportifs ou les revues de cinéma, parce que champions et vedettes incarnent joliesse, force, vice ou vertu, bref un accomplissement ; leur vie le réalise et semble avoir un but ; elle a, justement, une tête et une queue, un sens, un début et une fin. Un talent tendu vers une cible donne à leur existence une sorte d'unité ou de ligne littéraire, au moins la tenue d'un chant ou d'une incantation.

Qui suis-je, donc ? Le champion que j'admire et que je mime, vedette de mon théâtre intime, héros de mon récit privé ; je me prends pour tel, dans mon cinéma : certes, je puis me voir en Hamlet, en son confident ou dans le palefrenier du palais ; mon absence de destin imite ces exemples ou un autre non-exemple qui raconte ses anti-Mémoires. À supposer que j'échoue à devenir mon propre champion, au moins disposé-je du choix de ma vedette, de mon chanteur, de mon joueur de football préférés… athlète, de mon Hercule, marin, de mon Ulysse… qui me servent de modèles et que je puis mimer. Je raconte ma vie par procuration. Le *nous* a remplacé le *je*, disparu. Pour les Anciens, la personne se figeait en un masque de théâtre.

Qui suis-je ? Le héros que je joue sur ma propre scène ? Même nonchalant, je ne cesse de me raconter à moi-même mes actes quotidiens ; je me dis mes gestes et mes attitudes, mon travail et mes repos ; mange, marche, pense, joue… et me le récite ; aime et, dans les bons cas, nous nous le racontons. Le plus loyalement du monde, le plus lucidement aussi : sais-je vivre, puis-je agir, sentir, pleurer… sans me l'avouer jamais, sans tisser un voile de langage silencieux au milieu de mes affects et de mes décisions ? Les rêves du sommeil ne continuent-ils pas, simplement, cet irrépressible récit par d'autres moyens, en l'absence de conscience claire ? En nous vit toujours l'enfant que la peur de se trouver seul dans la nuit avant de s'endormir pousse à réclamer à sa mère de lui raconter encore un conte. Ne me quitte pas, narre un autre rêve que celui dont les couleurs apaiseront ou terroriseront mes ombres. Le récit accompagne l'angoisse et l'efface parfois ; à peine discursive, sa suite m'enchante de moi-même et recouvre la peur, noire, dont la terreur m'étrangle, de chuter dans le néant. Je ne cesse de me raconter pour ne pas m'effondrer en sanglots. Coauteur du sujet, ce racontar construit un garde-fou qui le protège du vide. Ainsi je vis et dis double, auteur moins malheureux d'un conte, d'une incantation en continu, audibles, dicibles, sensés… ou acteur silencieux de conduites affolées, dépareillées, lorsque je ne parviens plus à les distancer en récit, dont le lien global ressemble fort à ce que j'appelle *moi*. Pour que je l'appelle, il faut bien que je parle. Ce discours latent met du liant dans mes actions et les haillons d'arbres et de rues où mes gestes et travaux se logent. Comment ?

Au commencement, le bruit de fond

Par un processus que je connais mal, mais que je veux tenter de décrire, malgré la maladresse avec laquelle, familier de la sortie cognitive et d'objectivations éblouies, je désescalade la descente introspective. Je plonge en moi-même, yeux fermés, solitaire, muet, converti, attentif. Avec difficulté, j'accède à un socle bas, sous les souvenirs, émotions ou sentiments, où ma cœnesthésie ressent, directement et sans langage, la chaleur vitale. Je m'évanouirais de froid, si elle s'absentait ; la glace tue ; nous mourons de grelotter. Brûlant, mon corps plonge et nage dans un brouillard chaleureux. Même à travers le silence de la santé, je crois percevoir, émané de ces flammèches vives en désordre, une sorte de tohu-bohu qui ressemble, en quelque façon, aux acouphènes dont la nappe vibrante m'assaille depuis des années, brouhaha issu sans doute de l'effervescence produite par le réseau admirable des nerfs et des vaisseaux, par les échanges d'énergie auxquels s'adonnent les organes, les tissus et les cellules, selon des milliards de programmes biochimiques. Du mouvement brownien de cette chaleur vivace émerge un bruit de fond chaotique, discontinu et continu, dont les premières rumeurs, chaudes, émettent les cris originaires, appels et clameurs insensés de l'intimité, aux limites de l'inaudible. Puis-je nommer inconscient ce brouhaha sourd, où la température se transforme en nuage acoustique ?

Le ressac, les cataractes, les turbulences serrées comme les tresses d'une chevelure qu'une rivière noue et défait à la sortie d'un barrage ou d'un pont, produisent ce bruit blanc, toujours en quelque sorte fluide, grenu comme une cascade, continu comme un torrent. Dans le thorax et sous le diaphragme, un lac de larmes dort, s'éveille, rugit comme les laves d'un volcan, s'épanche en un ruisseau de sanglots. Le processuel du temps interne coule, bat comme le sang, bout comme les pleurs. Liquéfiée par ce brasier, l'énergie psychique primitive sourd, jaillit, verse, ruisselle, déplore, ne cesse pas de pleurer ; se lamente, enfantine, adolescente, adulte, sage, debout, *stabat mater dolorosa, juxta crucem lacrymosa* ; sanglote, courbée, vieillie, à la veille de s'éteindre, devant la vie évanouie ; pleure jour et nuit, éveillée, à travers le sommeil, dans l'acte et par la pensée, parmi la solitude et la supplication offerte à autrui, éconduite, trompée, à deux doigts de s'anéantir, retrouvée, accueillie ; pleure, seule, égarée dans la foule ; se lamente devant l'histoire décadente des collectifs en voie de se réanimaliser ; finit par pleurer, perdue, éperdue, devant Dieu dont l'absence additionne infiniment les larmes de joie et celles de la tristesse, comme l'intégrale des amours allègres et pathétiques. L'inconscient fluide bruit.

De ce bruit de fond que font les chutes d'eau, les moulins et la mer, le corps vif et l'âme tacite, émanent alors des signaux, comme des ondes, hautes et longues, formées je ne sais comment, sur cette mer de murmures. La rapport secret entre ces signes de pointe et les fluctuations insensées d'où ils giclent fait ressentir dù plaisir et de la douleur, aise ronde ou épines aiguës ; non point telle jouissance ou telle souffrance définies, mais le malaise ou l'aise de base, la tonalité fondamentale de mon rapport au corps, à la vie et au temps où je reconnais ce jaillissement qui va, plus tard et plus haut, imprégner tous mes actes, toutes mes émotions, toutes mes paroles de ses consonances d'harmonie ou de ses dissonances pathétiques, établies déjà là, en accord ou désaccord. Vieillard d'allégresse, enfant de mélancolie, homme de peine, fille de liesse. Ma joie de base dépasse la cataracte des larmes.

Parfois, de ce tohu-bohu chaotique et de ses fluctuations, à l'orée de ma « conscience », de ce bruit de fond et de ces signaux menus, imperceptiblement aigus, peut surgir un fragment de mélodie timide, inouïe et venant à l'ouïe : hululement, lamentation, hymne, cantilène, complainte, mélopée… Elle m'arrache des pleurs ou m'exalte de tendresse. Je tends désespérément mes oreilles internes et externes pour entendre sa naissance. Que j'y parvienne et elle se met à couvrir de sa ligne mélodique tout ce qui la précède et la conditionne, cimes des signaux, chaos hasardeux des rumeurs, désordre et tohu-bohu. À l'état naissant, son continu timide lisse les épines et ordonne le chaos. Un début de paysage intime intègre les éléments épars venus de la chaleur comme le paysage extérieur réunit en tableau les arbres et sommets de l'environnement.

Émergence musicale à partir de mille clameurs. Elle vagit comme un nouveau-né, ne braille pas, mais tâtonne quasi tacitement sur sa voie. Sur sa voix. Miracle : naissance, maintenant, de la « voix de conscience ». Elle parle. Non, balbutie, bégaie, babille, babélise, parole sans mots, langage sans langue. À partir de la musique primitive, émanée elle-même du bruit, un début d'articulation cherche sourdement du sensé. Déjà, une sorte de sens, au moins directionnel, avait surgi de l'insensé, quand la mélopée enveloppait de sa ligne longue les cailloux épars et cassés du tohu-bohu, un sens désarticulé encore. Mais, peu à peu, quelques consonnes cassent la voix chantante des seules voyelles, et voici qu'apparaissent les premières bribes de ce que j'appelais le récit, qui, en retour encore, intègre, efface et cache tout ce qui précède. Souverain, il enveloppe de son sens la musique en ordre et le bruit désordonné, tous deux insensés.

La langue ne sait pas dire sa naissance

Moi-même ai dû, dans les pages précédentes, recourir au langage pour décrire ses antécédents non discursifs, soubassements que j'ai donc si fortement trahis que, comme Orphée, cythariste jadis, je risque ou mérite que ma chère Eurydice me quitte et revienne d'où j'avais cru arrogamment la tirer. J'ai commis le crime de me retourner en amont du langage, vers la musique, en amont de la musique, vers les signes, en amont des signaux, vers le bruit de fond, en amont du brouhaha originaire, vers les flammes des organes de la vie. On ne remonte pas aisément de ces enfers-là, des braises, des tisons et des cendres. Orphée descendait, comme moi, vers les fondements de son art, s'immergeant dans la boîte noire d'où émane le langage et d'où surgit le *moi* ; il espérait tirer de là celle qu'il aimait plus que lui-même, sa propre chair, sa vie, son sens. Au son de la lyre, il l'entraînait hors d'ombre ; comme il se retournait pour la revoir, elle disparut. Si je parle, si je récite… je n'entendrai plus la musique ni le bruit, aux sources de la parole, du récit et du *je*.

Une fusée à quatre étages lance la naissance du langage, l'émergence de l'*ego* et l'aurore du récit qui, en les racontant, les forme, les crée, mais en oublie les débuts : elle sourd de la chaleur, d'abord, vers le bruit blanc ; de ce brouhaha va aux premiers signaux ; puis de ceux-ci à de timides mélodies ; enfin de celles-ci aux premières voyelles… Bruit, cri, chant, musique, voix… précèdent l'énonciation de base, avant la langue du récit. L'offrande musicale lance le langage qui relate. La langue ne sait pas dire sa naissance chaotique et musicale ; la musique peut-elle chanter le bruit d'où elle naît ? En ce souterrain, Orphée précède l'écrivain. Leur délivrance lente après leur plongée révèle de l'universel, déjà : chaleur, désordre, bruit de fond, complainte musicale insensée, phénomènes externes tout autant qu'intérieurs. Si tout sens décrit une particularité, ci-gisent des universaux avant le sens.

Paradoxe : à ce niveau quasi physique, s'opère, chaudement, l'individuation. Elle procède en créant une chaîne, musicale ou articulée en récit, dont l'enchaînement se fait de temps. Plus ou moins longue, moins ou plus continue, cette enveloppe lie des ensembles chaotiques préalables de rumeurs insensées. J'entends en musique ce temps ; je saisis en récit sa durée. Temps ou durée nés dans le passage du désordre à l'ordre ou par un mélange d'ordre avec du désordre, quand coexistent des paquets de bruit avec quelques signaux tenus, quand se mêlent des instants coupés comme des atomes avec des moments étirés. Le temps ou la durée, que l'on dit si difficiles à décomposer, se divisent aisément, puisqu'ils se composent, je ne sais comment, de tension et d'éparpillement, de mémoire et d'oubli, de tissage et de trous, comme filtres. Comme l'*ego*, la musique et le récit, le temps paraît quand s'additionnent, je ne sais comment, des morceaux épars et une liaison, lorsque continu et discontinu étrangement se mélangent ; se mêlent, se filtrent, donc percolent. L'individuation commence en se différenciant par le titre de ce mélange et l'allure de son enchaînement. Elle naît, originale, du seuil précis de cette percolation. Je deviens un mélange de rétentions et d'absences, d'attachements et d'inadvertances, d'attention et de laisser-aller.

Plus que tout, ce *tempo* caractérise les individus et peut les séparer lorsque l'un vit *allegro* et l'autre *andante*. Avant tout, je dure, rythmé. J'existe comme les chiffres de mon rythme. Plutôt preste, j'admire les lents. L'accord de deux amants se compte en mesures mieux qu'en musique ; pair et impair manquent. Notre rapport fondamental à la vie et au corps, d'accord ou de discordance, suit cette constitution interne du temps, forgée dans la chaleur intime des échanges énergétiques de l'organisme. L'irréductible singularité de ma relation à la durée s'entend comme un rapport original d'instants discontinus avec des moments de continuité. Je m'abandonne à la mesure, même irrationnelle, de cadences.

Certes, la chaîne de mon ADN, la disposition et le fonctionnement de mes neurones, les logiciels programmés dans mes muscles et mes articulations, voilà déjà autant d'individuations. Mais l'opération interne que l'on nomme ma conscience sort de ces ensembles donnés pour se forger activement, toujours en temps réel. Ou plutôt, elle construit mon temps selon ces mélanges fragiles. Je crois entendre d'abord une sorte de voix, un murmure émergé d'une rumeur de mer indistincte. Je ne puis nommer ce murmure que *moi*. Avant de me comprendre, avant de savoir, je m'entends. La langue usuelle dit cela superbement lorsqu'elle demande comment je m'appelle. De fait, j'entends un appel qui ne s'adresse qu'à moi et un écho répond comme sous une voûte solitaire, vide et sonore où je crierais, inquiet : y a-t-il quelqu'un ? et que, des murs et des arcs du plafond, ruisselleraient des réponses : un, un, un…, nouvelle rumeur. Cet écho et son appel – je m'appelle – individuent par un enchaînement noué celui qui l'émet, le répète et l'entend. Cercle continu-discontinu de la bouche et de l'oreille, de l'émission et de la réception, *feed-back* et enveloppement de la plainte et de l'écoute, du cri et de l'ouïe, alimentation réciproque interne engendrant l'individuation, par la conscience du temps.

Le *re-* des termes récit, relater, raconter, rapporter… expriment et répètent ce pli.

Le temps des mélanges

Continu parce qu'il provient de l'attention et se conserve en mémoire, le temps ou le processuel de la durée se construit, voulu, volontaire, tendu ; ici, le temps se nomme à partir de la tension, celle que la conscience adopte pour se percevoir. Au contraire, la conscience immédiate et libre, détendue, ne perçoit que du discontinu ; le temps ainsi donné, si j'ose dire, se présente en lambeaux, en haillons, en membres épars ; il saute, quantique. Si je passe une heure à rêver, je bondis sans transition d'un souvenir long à une émotion bouleversante, d'une tendresse lentement attentive à quelque ressentiment bref, d'un fantasme érotique allongé à une intuition fine et fulgurante... Le temps se nomme à partir de la coupure, entendue comme coup de hache, mais aussi comme on dit que le vin se coupe continûment d'eau. Les linguistes hésitent entre les deux racines grecques du mot : τείνω, *teinô*, tendre ou τέμνω, *temnô*, sectionner. Loin d'hésiter, additionnez-les. Ces mêmes linguistes s'étonnent de ce que le rythme vient du verbe grec qui signifie couler, alors que, justement, le rythme coupe la durée en mesures. Ne vous étonnez pas, sommez les deux sens. Désignée en précision par notre langue, cette composition entre le continu et le discontinu exprime en même temps la nature du temps et la durée de la conscience interne. Comment cette somme, composée de contraires, peut-elle se faire ?

Quand, d'aventure, émerge un tenu à partir du discret : alors advient le temps réel, mélangé, je ne sais comment, de tendu, de retenu et de brisé, de ses deux racines en quelque sorte ; alors advient la musique, mélodie soutenue, de même, au moyen de notes et de cris en grains ; alors advient le récit, où ma voix, cassée de consonnes, se lie de voyelles ; alors advient l'histoire, ce tissu de sens issu d'événements choisis ; alors advient le Grand Récit, de la matière liant des nombres et des particules atomiques, de la vie tissant des molécules, de l'humain raconté à partir de rarissimes fossiles… L'Univers, la vie, moi, nous, l'homme même naissent d'un continu, chaque fois singulier, qui jaillit du discontinu de base, s'y mélange, s'y compose, s'y intègre, comment, je ne sais pas, mais je le chercherai. D'autres linguistes avouent que les mélanges tempérés de la température et du tempérament expliquent à merveille le mot temps. Il mêle les deux racines grecques de tantôt, celle du discontinu et celle du continu, comme le rythme. Ainsi le mot temps décrit-il parfaitement le temps, aussi bien celui de ma conscience que celui des intempéries – mon âme se déploie comme un paysage granulairement ensoleillé sous la pluie en nappes et gouttes –, celui, stochastique, de l'histoire aussi bien que le Grand Récit de l'Univers, de la vie et de l'homme, selon la dilatation progressive de l'échelle que ce livre va suivre.

Temps unitaire parce qu'ainsi mêlé.

Maux

Que se passerait-il si je cessais de me raconter ma vie, si j'arrêtais de la crier, de la pleurer, de la déplorer, de la chanter, de la représenter, de la dire ? Comme Eurydice, elle s'évanouirait, sans abri, retomberait en lambeaux, s'effondrerait dans l'enfer du bruit, vers le brouhaha et la fureur, trou noir du désordre et du discontinu. Cela m'arriva souvent. Elle chut en pièces, en vociférations, en cailloux de bruit de fond, dès lors que je ne pus plus me la réciter, dès lors que la musique se taisait, que sa mélodie ne s'élevait pas, que le continu ne prenait pas. Le récit, alors, fila loin de moi. La paix me déserta, mes amours m'abandonnèrent et me laissèrent déchiré en membres épars, la santé me délaissa, mon œuvre échoua, la pensée me quitta... Le malheur, la maladie, la violence, l'abandon, le mal en général, physique, mental, moral... coupent en morceaux la vie, devenue insensée, parce qu'ils détruisent son récit. Comme dit le peuple sage : elle devint « pas racontable ». Comme il ne peut plus énoncer sa vie propre, le misérable se récite, à la place de la sienne, celle d'un quelconque héros de carton, comme le tueur Napoléon, non plus modèle, mais substitut.

Plus de sujet, plus de substance, seulement des substituts. La substitution, voilà l'opération majeure du théâtre – l'acteur joue à la place du personnage et le spectateur s'identifie à celui-là – et de la maladie, mentale ou autre, dont je viens de parler. Loin de moi les deux pensées de minimiser le théâtre en le rapprochant de la pathologie ou d'affaiblir cette dernière en la comparant au théâtre. Non, représentation et maladie convergent, lorsque, fatigués ou faibles, nous substituons au récit autonome de notre vie des contes et paysages d'emprunt.

Vus ou écoutés continûment, le bruit, la parole, la musique et les images des médias dérobent ladite voix de conscience, le tonus du corps et les paysages que nous eussions pu nous faire de nous-mêmes. Bien nommés, les animateurs volent les âmes et les recréent à leur image. Ils les ravissent à la naissance même de leur son. Désormais sourd à la sienne propre, tel n'entend plus, comme un chien, que la voix de son maître. Là où jadis le théâtre, en des occasions rares et choisies, construisait une âme collective, la continuité du spectacle éradique à leur source les âmes singulières. L'expansion de la sottise offre ici moins de danger que le risque sociopolitique majeur encouru globalement par cette destruction de l'*ego* personnel et de son récit propre au profit d'un collectif formaté de façon pathologique et totalitaire. La drogue médiatique risque d'enchaîner malades et esclaves. Elle nous force à descendre dans des enfers convenus et aménagés.

Par chocs plus ou moins forts, parfois plus violents que le premier, des répliques suivent les séismes. Un tremblement de terre ne dure pas deux ou trois minutes meurtrières, comme on croit, mais trois ou quatre semaines. Lors du Loma Prieta de 7,2, à l'automne 1989, nous subîmes au moins dix répliques autour de 5 ou 6, sans compter les douces qui font frémir les murs et donnent un léger vertige.

Un matin donc, dès l'aurore, j'ouvris les fenêtres et entendis, surpris, parmi les ramilles, les oiseaux chanter. Pendant vingt jours, je n'avais pas ouï la taciturnité de l'air. Je ne me souvenais pas non plus à partir de quand la nature s'était tue. À 17 h 04, le 17 octobre, ou avant le premier choc ? Nous ignorions que nous survivions dans un silence rythmé de répliques telluriques.

Paysage de taillis et de futaies feuillues, mon âme retentissait de pies jacassantes, merles siffleurs, corbeaux croassant, rossignols et mésanges, parmi la brise qui gémit et les branchages qui craquent, murmures, souffles et voix. Ce brouhaha continu préparait, en bruit de fond, l'incantation et le récit de ma vie, son texte abstrait ou concret. Suite à un tremblement de terre, toute cette nature se tut. Musique et langage me quittèrent.

J'ouvre la fenêtre, ce matin, et voici, merveille, mésanges et pies de retour à tire-d'ailes, merles râleurs, corbeaux barytons, rossignols enivrés de roulades, plus la brise rasant les herbes et les brindilles qu'écrasent mes pas. La colombe au rameau annonce l'épilogue de l'inondation ; en amont, sur les eaux premières, voici revenu le tohu-bohu dont la Bible dit qu'il précèda le souffle, verbe créateur du monde. Dit-elle, ainsi, le début de l'Univers ou, mieux encore, celui du langage et de mon âme ?

Comme des séismes détruisent les paysages extérieurs, accidents, maux et souffrances interrompent le travail souterrain qui conditionne le récit dont la ligne mélodique reprend au déclin des eaux, dans le bonheur des organes, à l'accalmie de la terre, à la fin des chocs en répliques, au retour béni de l'aimée. La douleur et la haine, des autres, du monde et de soi, font taire le récit, comme le séisme éteint les chants d'oiseaux. À quoi reconnaît-on la souffrance et le Mal ? À l'arrêt du récit, à l'étranglement du chant, à l'aveuglement du paysage : se brisent le mouvement du conte, la ligne de l'incantation, s'éteint le bruit de la mer. Au rétrécissement de notre vie vers ses actes, distincts, et son acteur, isolé. À la disparition de l'auteur. Nous pouvons le ressusciter pour composer, chanter, réciter, raconter... après que haine et douleur ont cessé d'exercer leur emprise : alors seulement nous augmentons notre vie (augmenter, de ce verbe vient le terme auteur) vers le récit de notre survie. Vainqueur des douleurs et du ressentiment, le récit, ainsi recréé, peut créer à son tour et comme en retour, l'âme elle-même dont il sort. Le Malin ne crée pas, mais interdit le verbe, divin créateur, qui, sous l'emprise du malheur, entre dans un grand silence.

Augmenter

Dès le niveau biochimique élémentaire, dès le feu vif, se crée l'énergie psychique ; celle-là ne ressemble point à l'énergie physique ; au contraire des deux principes qui règlent cette dernière, elle se crée de se dépenser. Nous découvrons notre capacité à réaliser quelque besogne, assez difficile pour requérir des forces qui paraissent nous manquer, au pied du mur seulement, lorsque nous nous obligeons à l'entreprendre, comme si cette décision même recrutait ses conditions, hors de toute espérance. Un tel recueil, imprévu, s'appelait jadis grâce d'état, comme si l'on recevait un don gratuit lorsque justement l'on en avait besoin. Avant de tester nos forces, nous ne savons jamais vraiment ce que nous pouvons, ni la capacité de notre corps, encore moins ce que vaut notre inventivité. Plus je cours, plus je marche ou nage, mieux je nage, cours et marche. Je travaille et pense d'autant plus et d'autant mieux que je pense et travaille. L'entraînement trouve ou invente ses propres ressources, parfois inattendues, crée ses propres conditions. Nous voilà sources de ressources inattendues.

Que la chaleur vitale se change en bruit, musique et commencement de langue, cela renverse-t-il la croissance d'entropie ? Au sein du métabolisme, la transition entre l'énergie ordinaire, celle des sucres et des phosphates, et l'information, équivalente à la néguentropie, peut-elle expliquer cette inversion des règles concernant l'épuisement, normal, ou le renouveau, vital, de l'énergie ? La vivante, en quelque sorte, se révèle inépuisable : secret de nos créations ?

Au maximum : plus on prodigue ses réserves, plus on en devient riche. Je ressemble moins à une banque de données qu'à une source génésique. Ô ma langue animée, vous saviez-vous donc capable du mouvement perpétuel ? Je vais donc vous entraîner là où vous craignez depuis longtemps d'aller. Je crée mon récit interminable.

Au minimum : lorsque je tombe au fond de la misère, j'expérimente une ressource, un ressaut, un mystérieux jaillissement dont la puissance me pousse parfois hors du puits, ruisselant de larmes, convaincu de désespoir, hurlant de nouvelle vie. Désespéré, certes, mais mon récit reprendra.

Genres de récits

Nous avons tous besoin d'un récit pour exister. En quête du *je*, pis encore, du *je suis*, Descartes dit comment, militaire en Allemagne, il se réfugia, par temps froid, dans un poêle, source de chaleur, où il reçut visite d'un Malin Génie, trompeur imbattable, et quelle lutte formidable il engagea contre ses falsifications, bataille dont il ne sortit vainqueur qu'avec l'aide de Dieu, omniscient et tout-puissant. Ce coup fumant, le philosophe le fait passer pour une *Méditation* de vérité, alors qu'il s'agit, tout bonnement, d'un récit, et d'un récit, tout justement, où le feu brûle en une enceinte close et où le Mal risque de tout détruire, même la possibilité de parler. L'*ego* cartésien jaillit d'un suspense haletant : du Diable ou du Bon Dieu, qui va l'emporter ? Ou plutôt : sans le conte de cette querelle chaude et un peu bien matamore, aurions-nous jamais vu naître ce *je*-là, comme enjeu de ces puissances ?

Sans la vision de saint Paul au chemin de Damas, sans son silence long et le torrent de mots qui s'ensuivirent, sans le roman des Actes des Apôtres et les aventures narrées : descente furtive le long des murailles au fond d'un panier, emprisonnements et naufrage, sans la conversion de saint Augustin, sans les *Confessions* qui la racontent… le sujet moderne et individuel aurait-il émergé ? Le *je* surgit de l'autobiographie.

Nous avons tous besoin d'un récit pour exister. De quel genre de récit ? Religieux dans la Genèse, où se développent les vies de d'Isaac, Jacob et Joseph… épique aux exploits d'Achille, furieux sous les murs de Troie, tragique dans les tribulations d'Œdipe, historique sous Périclès, poétique au taudis de Philémon et Baucis, saint dans les Évangiles, comique grâce aux proverbes de Sancho Pança, librement multiple par la grâce de Jacques le Fataliste, mélancolique pour Emma Bovary, solitaire, quasi paranoïaque sous le souffle de Jean-Jacques ou de Chateaubriand... chacun de ces personnages, raconté ou racontant, épouse ce que la tradition appelle un genre littéraire... comme si la littérature disait par ces types, tel individu sous tel ou tel angle, ou parfois brossait une silhouette mouvante, ambiguë, vivante, alors que les définitions abstraites dont je parlais tantôt s'épuisent à en dessiner ou à en formaliser une épure absente, inaccessible et raide.

Nous avons tous besoin d'un récit pour exister. Mais quel genre de récit choisir ? Alors que, perché sur le pignon, truelle en main, je le maçonne maladroitement, je puis me ou vous raconter qu'habile, je lisse un joint entre deux pierres, qu'héroïque, je m'expose au danger du chuter ou, vaniteux, m'exhibe sans raison à la vue du voisinage, que, prudent, j'abrite ma famille, gymnaste, prends de l'exercice ou bâtis, mystique, l'habitat de mes enfants, comme d'autres élevaient leur cathédrale. Je peux vous et me relater ma vie de ces dix manières, amplifiée, mensongère, humble, dérisoire, sèchement factuelle. Je change, choisis, bifurque, mon âme se métamorphose. Dix récits possibles de mon activité se déploient selon des genres littéraires : manuel de recettes pratiques, chant d'épopée, recueil de poésie, roman, tragédie, comédie, représentation, théâtre... Et si lesdits genres résumaient les intentions éthiques de nos vies ou, nous le verrons, les morales à la mode aux ères de leur floraison ?

J'aime varier mon récit : je me vois ce matin en héros de roman, demain en comique ridicule, je me connus plus ou moins courageux en des situations risquées, douloureux en des passions tragiques… Au mépris des règles, mon récit mêle les genres. Les autobiographies, souvent, relatent des conversions, celle de Claudel ou même celle de Proust. Kierkegaard raconte qu'il passa par trois stades, esthétique, éthique et religieux. Nos vies ont d'autant plus de sens qu'elles en changent. Quel stupide rôle ai-je joué ici ou ailleurs ? Quel personnage ai-je montré en ces occasions-là ? Ainsi ces genres jouent-ils le rôle de repères. Certes, nous les voyons séparés, mais la durée aventureuse de l'existence les hante, tour à tour. Le récit de vie navigue en faisant le point sur ces amers, en manipulant des outils disponibles en ces magasins ouverts à tous. Il choisit entre les hérésies (ἅιρεσισ, en grec, veut dire choix) exposées sur les rayons.

Nous avons tous besoin d'un récit pour exister. En tout cas, nul n'aime sa vie s'il ne se la raconte ; d'autant meilleure qu'elle se transmute aisément en une narration originale. Me traiterai-je de menteur, si j'emprunte un rôle au magasin plutôt que de jouer le mien, plutôt que de composer ma partition ? Comment accéder, authentiquement, au mien propre, justement ? Ne nous méprenons pas sur le terme récit. En un sens ancien ou classique, il désignait l'énonciation d'une série d'événements liés par le temps usuel du soleil, de la généalogie, de la montre ou d'un calendrier, parfois coupés, pour entretenir l'intérêt, de coups de théâtre imprévus. Ainsi les poèmes homériques disent-ils les exploits sanglants d'Achille et les aventures d'Ulysse à travers mers et terres inconnues ; ainsi Flaubert relate-t-il les grandes souffrances et les trahisons petites d'Emma Bovary. N'importe qui peut mimer cette héroïne, ce héros, ce voyageur, se substituer à cette incarnation des canons de sa culture, choisir son hérésie. Par genres et champions, les littératures ouvrent ainsi des rayons où se procurer un *ego* et une vie par procuration, médiocres à loisir ou, au choix, grandioses.

À mesure que lesdits genres littéraires s'approchent des individus singuliers, de leur intimité ambiguë, ou qu'ils explorent les ressources du langage, ils quittent peu à peu ce ciel substitutif et canonique de récits ainsi formatés, ce grand magasin des collectivités, pour descendre lentement vers cette singularité porteuse, en son intimité secrète, de zones obscures où un idiolecte personnel émerge de la poursuite muette de l'existence elle-même et en compose une séquence. Nous revenons enfin aux enfers de tantôt. Pour mieux entrer dans le détail de cette zone d'ombre et des mutations qui s'y opérent, cette descente lente va, nous les retrouvons, vers les voisinages où le bruit de fond de la vie chaude transforme son brouhaha en mélopée, change son tohu-bohu en psaume, métamorphose son chaos en offrande musicale ; puis, en remontant, court vers des couches encore noires, plus hautes que ces voisinages, où, par un changement de phase inexploré, cette mélodie, cette voix à l'état naissant, à peine audible, modifie son tumulte en articulation, renouvelle sa ligne en *logos*, et cela jusqu'à la dernière strate où apparaît, toujours vierge et luisante de nouveauté, la langue constitutive d'un récit intime dont le début bégayant, revenant sur soi comme en *feed-back*, relance, comme un moteur second, la chaleur initiale de la vie elle-même, la réalimente, l'augmente au sens de tantôt, l'enchaîne enfin ou la lie en une série originale. J'appelle encore récit cette langue émergente, quoique ses formes et ses tonalités abandonnent à tout jamais l'ancienne série, temporelle et formatée, d'événements extérieurs. Comme vingt rameaux et autant d'hérésies, les nouveaux récits bifurquent de ces formats antérieurs. Je garde toujours ce même terme de récit, parce qu'il conserve la même fonction, mille fois redite, de lier le temps et la vie. Moins collective, empruntée, publique et mensongère, plus loyale, attentive, personnelle et authentique.

De même que, désescaladant les chemins de la terre, Orphée, Homère, Virgile, Jésus-Christ ou Dante visitèrent des enfers anciens où de vieilles vies végètent, si socialement formatées jadis qu'elles devinrent, ici, des ombres blêmes dans de mornes prairies d'asphodèles, de même Marcel Proust, quittant, à son tour, ces formats collectifs, descend-il, par de longues cordées vertigineuses de phrases, vers leur formation originale, où le temps et l'âme se retrouvent à l'état naissant ; de même James Joyce plonge dans les monologues internes et interminables que tel et telle se tiennent en une courte journée, sans perdre un seul mot des minutes brèves et indéfinies d'endormissement, pendant lesquelles émergent justement ces mots-là ; de même Franz Kafka pénètre dans le labyrinthe d'un terrier où la bête aveugle, affolée, se cache et meurt d'angoisse ; de même, par des techniques stylistiques, donc musicales d'expression, Robert Musil, William Faulkner, Virginia Woolf, Ferdinand Céline... ouvrent-ils autant de voies diverses conduisant à des explorations d'un temps vivant, rêveur ou jaillissant de manière contingente en cent rameaux, dont la percolation, non linéaire, se transsubstantie, çà et là, en mille ramilles mêlées, dont le rythme et le *tempo* s'approchent infiniment de la naissance du langage à partir de la vie intime et de sa manière, en retour, de la lier.

Les contes et histoires des littératures précédentes répondaient souvent à la question : qui sommes-nous ? transformée en : à quelle culture ma vie appartient-elle ? quel temps d'une histoire commune mon temps personnel doit-il mimer ? quel champion y choisir pour la lier en séquence sensée ? alors que les récits que je viens de citer célèbrent la naissance, plus récente, de l'individu et sa quête d'identité. Qui suis-je, ou, plutôt, comment, dans quel champ, par quels procédés linguistiques susciter en la racontant une ou ma vie, avec le plus de précision et de loyauté possible ? En quête d'un nouveau monde, d'une nouvelle histoire, d'un humanisme enfin, l'hominescence quitte souvent les anciens formats collectifs pour se rapprocher de l'individuel.

Langage et littérature

Plus il y a de littérature, plus elle se dirige vers *moi*. Plus il y a d'histoire, plus elle diverge vers *nous*. Plus il y a de littérature, moins il y a d'histoire, sauf à penser par appartenances... moins il y a d'engagement redondant et d'histoire littéraire, oxymoron désuet par lequel la raideur sociétale et les tics politiques manquent la rareté singulière des œuvres. Reste une question dont je cherche la réponse : quelle forme de récit nous approchera de l'homme ?

De fait, qu'est-ce que la littérature ? Aussi mal posée pour elle qu'ailleurs pour la nature ou les hommes, la question se transforme. Comme moi et nous et tous, elle n'est pas, elle devient. Je peux même raconter sa vie : autrefois collective, elle devient plus individuelle ; plus historique jadis, la voici en voie de singularité. Ainsi, j'y reviens, l'histoire littéraire s'applique aux récits archaïques, vers quoi régressent les textes engagés. Laissant à nouveau essence et être, je reformule la vieille question : à quoi servent ces récits ? À construire, à partir de la vie, la conscience et le langage. Moins il y a de littérature, moins il existe d'individus. De personnes libres. Nous voilà tous, aujourd'hui, assujettis à quêter un masque aux grandes surfaces du mimétisme collectif. La littérature ressource la langue autant que la conscience. Quoi de plus salvateur ? En ces temps de mimétisme exacerbé, la littérature sauve.

La conscience forge-t-elle ses premières flexions, infléchit-elle ses premiers plis à travers cette émanation continuée du bruit vers la mélodie, de celle-ci vers des lambeaux de langue ? J'écoute ma conscience en train de se former en même temps que ma langue se forme à travers cette écoute. Une sorte de tourbillon, de turbulence s'installe où, comme en *feed-back*, ma langue entretient la naissance de ma conscience et où ma conscience entretient l'émergence de ma langue. Ledit flux de conscience ne coule pas de manière laminaire, mais selon cette chaîne de tourbillons où s'entraînent mutuellement la conscience de soi et la langue de soi. Plus et mieux je parle, mieux et plus j'ai conscience de moi ; plus et mieux affleure cette conscience, mieux et plus les bruits, en moi, pleurent, chantent et finissent en parlant.

Il me semble que continue encore aujourd'hui pour moi, écrivain de langue, cette fabrique originaire que je dus connaître, enfant, quand je ne parlais point encore et que j'accédais aux premiers vagissements et à la reconnaissance de l'*ego*. L'écrivain revient sans cesse à ces moments primitifs, soumet sa langue à l'épreuve du commencement, au tohu-bohu, puis à l'harmonie où le *moi* lui-même se crée en même temps que ce langage. Pour le praticien quotidien de sons, de style, de musique, de complainte, de cris et de voix, assez maladroitement aveugle aux faits ou au flux de conscience, le fait littéraire naît là, en même temps que moi. La conscience n'existerait pas sans langue ni littérature. Aucune des trois n'existerait sans les deux autres.

Toi

Alors apparaît l'autre en même temps que moi. Car ma langue resterait un idiolecte pour autiste si une première communication ne me renvoyait point, en sons, en sens, en syntaxe, une langue déjà commune. Dès l'utérus et le sein, ma mère a dû jadis jouer ce rôle instituteur. En construction continuée par le style, ma langue maternelle joue encore ce rôle en miroir, mais le rejouent en permanence ceux et celles qui m'entretiennent sur un registre aussi profond que celui qu'Eurydice creusa derrière les pas d'Orphée. Dans les meilleurs des cas, tout autre dialogue construit des objets extérieurs ou, dans les plus médiocres, les épreuves d'une appartenance. Tu te présentes, certes, en tête de cet entretien, toi qui me parles si souvent et avec tant de délicatesse de toi que je ne puis que m'approfondir moi-même à cette écoute. Mais nous n'inventerons jamais de toutes pièces une langue qui n'appartiendrait qu'à nous-mêmes. Si oui, nous nous enfermerions, à notre tour, dans l'autisme à deux. À quel niveau donc plongeons-nous déjà dans une appartenance, au moins linguistique, au plus musicale ? Dès la formation sonore dont je disais tantôt qu'elle n'appartient qu'à moi ? Tout ce que je viens de dire risque le mensonge, puisque pour parler de ce qui se passe en mon âme, je ne cesse d'en appeler à des mythes, Eurydice, à des musiques orphiques, à des romans, Bovary, à des philosophies… d'une culture particulière, la mienne. Loin d'inventer ou de créer, j'imite, cite et répète. Par où donc glisser le scalpel qui laisserait de côté ce que j'emprunte au grand marché, pour ne conserver que de l'authentique ? Si moi et ma conscience naissons, d'une seule voix, en même temps que le langage, je me vois forcé de dire que ce dernier n'a pas besoin de moi pour naître. Je ne puis donc inventer qu'un style et ne puis que varier sur un thème donné.

Que cette marge, infime, minimise l'authentique, je l'admets bien volontiers. Mais si, de l'organisme bonobo à l'humain, la distance génétique, mesurée sur l'ADN, avoisine l'infime, celle qui nous sépare, toi, moi et quelques frères et sœurs d'Europe, d'Asie et d'Afrique, s'amenuise jusqu'à l'impalpable. Et pourtant, à voir danser les corps, quelle diversité dans les charmes ! Nous manquons d'une référence aussi précise pour mesurer les variations de langue, mais nous commençons à soupçonner des invariants qui associent même les familles linguistiques. Sans doute ces distances tiennent-elles à nos ignorances. Et pourtant, à entendre les bouches parler ou chanter, quelles variations immenses ! Chaque auteur paraît une espèce à lui tout seul, chaque individu un genre et chaque culture une lignée ! L'authentique gît donc dans la composition plus que dans les notes, dans le style ou la parole plus que dans la langue, comme l'individu se distingue du type ou de l'espèce ; il gît moins dans la non-appartenance que dans la bifurcation par rapport à son format. Je n'invente jamais que des variations sur un thème donné. Prétendant ne parler que de soi et inventeur d'un style éblouissant et neuf, quel auteur cite plus que Michel de Montaigne ?

Nous avons tous besoin d'un récit pour exister. De construire donc, à partir de nos bruits, le style original qui raconte. L'originel appartient à l'espèce, l'original à l'individu. Je redis que je redoute, à propos de format, que l'écoute continuée de musique à travers dix relais techniques ne détruisît le travail intime d'individuation, ne fît avorter la conscience et la naissance de ce style intime, au profit d'une communauté temporaire de mode, comme, jadis, la littérature épique, tragique… empêchait de naître l'*ego* personnel au profit du renforcement de la communauté politique ou culturelle que cette littérature, proprement engagée, exaltait. Mais, je l'ai dit aussi bien, le langage ne s'attaque pas si profondément à l'*ego* que les cris, les chants et les sonorités, antérieures à toute articulation du sens. Ces pratiques risquent donc de détruire l'*ego,* le style et la parole du récit. La vente forcée, la prégnance en tous lieux d'une musique convenue produira-t-elle une génération privée des attributs dont la précédente croyait qu'ils construisaient l'humain ? Oubliera-t-elle que le langage, avant de servir à la communication, nous construit comme sujet ?

Mais inversement : loin de se limiter à rapprocher les distances et les hommes, les nouvelles technologies suscitent aussi un nouveau rythme émotif. Quand, marin, j'écrivais à mon amie, elle recevait le récit expressif de mon sentiment au moment où, le plus souvent, il avait disparu de mon horizon affectif, fluctuant comme la surface des eaux ; elle collectait le passé de mon âme. En retour, que pouvais-je savoir de ce qu'elle éprouvait, lorsque je recevais sa missive, sur un rivage lointain, avec, parfois, des semaines d'écart ? Rythmés de discontinuités géantes, ces échanges épistolaires, autre genre littéraire, ne pouvaient lier ni les temps de sa vie ni ceux de la mienne, encore moins la langue dont les haillons tentaient de réciter nos relations.

Désormais munis d'un courriel ou d'un téléphone cellulaire, nous pouvons tous deux nous parler ou nous écrire au moment précis où telle émotion nous assaille, où cette décision nous paraît s'imposer… messages dont les contenus, reçus en temps réel par la correspondante, à l'instant où elle décide ou s'émeut à son tour, lient sans discontinuité les mots et les instants disparates de nos deux vies, associées d'amour, tissent donc leur relation par ce récit jamais vraiment interrompu, traversé d'embûches et parfois de quiproquos, mais réinventé en temps réel. Par rapport aux rythmes maritimes de tantôt, assez semblables à ceux qu'Ulysse, chantant chez Alkinoos, n'entretenait qu'en silence avec Pénélope, restée à Ithaque au milieu des prétendants, il ne s'agit plus du même espace, évidemment, ni des mêmes rythmes et *tempi*, ni des mêmes sons, ni de la même émotion, ni du même partage, ni du même continuum de style, ni du même récit, ni donc des mêmes amours, ni des mêmes âmes, ni peut-être des mêmes corps... En un autre temps et autrement dit, un autre *je* vient de naître, étayé sur un nouvel autre.

Les nouvelles technologies ne transforment pas seulement lesdites facultés cognitives, mémoire et imagination, anciennement subjectives et aujourd'hui objectivées, comme *Hominescence* et *Rameaux* en décrivent le détail, mais les zones secrètes de l'émotivité intime aux sources mêmes du style propre, bref les profondeurs décisivement humaines de la *psyché*, j'entends par ces mots les lieux précédemment décrits où la vie élémentaire devient chez nous parole et style, discours inchoatif qui, en retour, change et lie la vie en destin. Partagé ainsi, l'émotif s'associe au cognitif pour changer l'humain.

Deux niveaux étagent mon âme émotive. Lorsque naît la parole, elle semble savoir distinguer aussitôt, parmi les affects, passions et sentiments... en des espèces claires et, pour ainsi dire, classifiables : me voici motivé par l'envie, accablé de peur, frémissant de jalousie, gonflé de colère, traversé de haine... Mais, avant ou dessous, quand la parole, à l'état naissant, bégaie encore ou s'embrouille, ces espèces apparaissent fondues en des genres préalables, un peu comme un tronc précède ses branches. Lumineuse et distincte, la parole juge volontiers confus ce magma primitif, mais la musique, avant elle, en exprime le mélange avec exactitude, parce qu'elle sait chanter les universaux de l'affect avant que les mots les isolent en sentiments discriminés. Mieux : elle fait entendre nos universaux avant que naisse le sens articulé. Les rythmes et les notes plongent dans un genre dont les lettres et les phrases analysent les espèces.

Éminemment douée pour la langue, toi, femme, traînes comme un charme un paysage ensoleillé où cent émotions singulières, discernables et variables, se distribuent en taillis, futaies, falaises et collines, embouchures et rivages, toute une carte de Tendre que tu aperçois aussi bien, toute déployée, autour de la parole de qui t'entretient. Ainsi te juge-t-on intuitive, alors qu'on devrait plutôt dire ton génie discursif. Une nappe de brouillard, au contraire, dissimule au mâle, moi, par exemple, éveillé seulement au couchant, les limites entre les champs et la forêt, entre les espèces différentielles d'émotions ; au lieu d'une carte de Tendre, mon regard ne dispose que d'un routier de marine, représentant des océans pour une navigation intercontinentale ; quasi vide, ce portulan ne fait apparaître, au beau milieu de rives absentes, que deux ou trois îles, jamais les rides locales de la houle. Tu sais patiner, sans faute de carre, sur un lac glacé, parmi les dessins multiples d'un givre durci ; sous signaux de brume, je vogue et navigue, aveugle, sur de vagues lames larges. Le cognitif de nos affectifs diffère comme mots et sons, parole et musique ; nous voilà étrangers, non comme espèces diverses, mais exactement comme genre et espèce, l'homme brouillon restant en amont de la femelle propre. L'un branchage et l'autre ramille. L'âme commence par le mâle et se développe en femme, comme la parole naît de la musique avant de mûrir en termes et verbes. En ces matières, ma faiblesse vient de ce que, mâle de chair et d'âme, je ne sus jamais ni parler ni écrire, alors que j'ai toute ma vie rêvé de composer chansons et cantates. Les idées me viennent en sons. Comme écrivain, je me juge un musicien raté. Sais-je, ainsi, ce que j'éprouve, sauf par masses en fusion ?

Des espaces

Comparons donc quelques cartes. Quoique matelot, comme j'ai dit, je ne me lasse pas d'errer sur celle de Tendre, mappemonde des amours. L'âme s'étend, se développe et fluctue dans un espace, où notre langue prétend la décrire en prenant ses mesures : longanime, magnanime, pusillanime ; longue ou grande ou avare, consternante de médiocrité. Je ne connais pas les propriétés d'une telle étendue, mais m'attendris de contempler la façon, d'une distinction toute féminine, dont la *Clélie* de la Scudéry la décrit. Dans le pays de Tendre, l'inclination coule comme un fleuve, l'indifférence reste stable dans un lac, la haine se déchaîne avec la mer, l'orgueil se juche sur un roc. Grand Cœur et Sincérité s'installent dans deux villages et des villes se construisent sur les rives d'Estime et de Reconnaissance. De Tendresse en Assiduité, nous visitons notre rapport amoureux comme en nous promenant dans un pays que nous choisîmes de hanter ensemble et où nous nous aventurons avec ou sans sûreté d'orientation, puisque des chemins peu aimables peuvent nous entraîner d'Empressement à Soumission ou d'Indiscrétion à la mer d'Inimitié. Reposons-nous en Probité avant de céder à l'Oubli. L'âme fait voir un paysage poli.

Par une nuit obscure, toute masculine, saint Jean de la Croix monte vers le Carmel, à travers chemin et sentier, vers une montagne sans route où des sources jaillissent parmi des fruits offerts. Le routier mystique décrit des genres vagues plutôt que de claires espèces.

Freud emprunte à Maxwell, physicien, et à Listing, topologue, le schéma spatial du complexe : les électriciens de cette époque appelaient, en effet, de ce nom, si usité aujourd'hui que l'on en oublie l'origine, un montage en treillis groupant des résistances, des capacités, bref, des fils et des plaques permettant des transferts d'énergie… appareillage multiple et hautement sophistiqué, aux pôles extrêmes duquel s'annule la différence de potentiel. Dans un réseau global où interviendrait localement ce montage compliqué, tout se passerait comme si ce dernier n'existait pas, puisque aucune différence, à ses limites, ne le ferait remarquer. Le connecter ou non au réseau général ne change rien à son comportement total. Il existe, certes, et même puissamment, du point de vue interne et local des nœuds et des chemins entrelacés, des transferts et des forces qui s'y échangent, mais il s'anéantit, complètement annulé dans le tissu général. Même si le paysage, même si la carte se réduisent ici à des circuits construits, comme sur un routier aérien, voilà le modèle spatial originel de l'inconscient ! Efficace pourtant, un espace ici s'annule.

Qui peut contester la précision de tels déplacements au travers de telles places, aussi bien sur le pays de Tendre, le mont de Mysticité qu'en l'appareillage inconscient ? Je défie quiconque de décrire les arcanes de la *psyché* sans céder à l'intuition d'une quelconque étendue, où ont lieu des mouvements, transferts et transformations. Lui qui voulait que, consacrée à l'espace, notre intelligence ne puisse jamais accéder au pur flux temporel, réservé à la conscience, Bergson ne gagna pas sa bataille, pour confondre son espace avec celui d'Euclide et l'assimiler à la métrique. Or, nous concevons désormais des étendues de tous ordres, y compris qualitatives et sans mesure aucune ; du coup, la durée bergsonnienne coule encore en un espace, comme un fleuve et ses turbulences. L'âme reste spatio-temporelle. Nous en relevons les reliefs.

Interne ou externe ?

Convenons donc de la nécessité d'une étendue paysagère en psychologie. Par où passe l'introspection, en quel site mes émotions se déclenchent-elles, vers où mes sentiments se dirigent-ils, au-delà de quel seuil se changent-ils, d'où jaillissent-ils ? Ces questions usuelles de lieu semblent, même là, pertinentes. Autrement dit, de quelle extériorité déployée l'intime se tisse-t-il ?

Comment se fait-il que ta tristesse, audible, tangible, dicible, colore aujourd'hui les nues de jaune ou que ma joie, musicale et blanche, remplisse, généreuse, chaleureuse et bienheureuse, l'air que je respire jusqu'à l'horizon ? Si le jaillissement de l'émotion fait sortir de moi des sensibilités qui enchantent le paysage, inversement le paysage alentour peint l'espace intime et retentit sur lui. Je ne me récitais pas ma vie de la même manière quand, au cul de mes deux bœufs, je labourais les sillons, ou lorsque, devant mon ordinateur je me souvenais, pour la décrire, de cette scène de jeunesse ; l'effort, la chaleur, les intempéries existent dans le premier cas, dur et matériel ; il n'y a que du doux dans l'autre, purement logiciel. Celui qui sue n'endure pas la même âme ou n'en jouit pas de la même manière que celui qui croit penser. Quand le soleil se couche sur Garonne, il ne montre pas son rayon vert comme en mer Rouge, ni les mirages qui font croire que les falaises du désert se transforment tout à coup en une métropole grouillante de gratte-ciel. Ici, je ne risque pas de verser à la magie ; là, mon âme croit aux miracles. Ici, le *Discours de la méthode* ; là, *les Mille et Une Nuits.* Quand elle attaque à la pointe de l'aube, au piolet, un couloir de glace illuminé d'une translucidité violine, *lumen de lumine,* quelle âme, environnant le corps de l'alpiniste, ne verserait point au sacré ?

Le paysage agit sur moi par le travail, facile ou exigeant, l'alimentation, abondante ou rare, le climat, humide ou sec, son habitabilité, par ses horizons riants ou son aride austérité. J'en dépends pour ma vie et sa longueur, pour mon corps et ses aises, pour mon âme et ses ardeurs, j'en dépends pour mon humeur. À loisir et sans le vouloir, mon âme se fait désertique, solaire, glacée, feuillue, bovine, volatile, serpentine, sonnante de vents lugubres ou de musiques d'oiseaux. Environné d'insectes et de serpents venimeux, de marsupiaux et de chameaux sauvages, mon ami aborigène de l'*outback* australien, nomade traînant derrière lui soixante mille ans sans agriculture et sans élevage par absence de mammifères et de graminées dans son désert ancestral, a-t-il le même *moi* que son contemporain, médecin à Melbourne, installé dans une villa en bord de mer, adepte de la planche à voile et nourri de viande bovine depuis le néolithique ? Mon récit pénètre dans mon paysage et le paysage agit dans mon récit. À reprendre la question abandonnée : qui suis-je ?, voici ma réponse : le buissonnement de mon récit parmi le feuillu de mes paysages, externe et intime.

Nous savions déjà que le corps a la forme d'un tore, que l'espace de la bouche, de la gorge, œsophage, pylore et intestin jusqu'à l'anus… reste, tout du long, à l'extérieur, de sorte que notre organisme tourne autour de ce vide, parfois occupé de ce que l'on y met. Ce raisonnement étonne, tant l'on considère ses propres viscères comme, à la lettre, intestines ou intimes ; je souhaiterais pourtant le reconduire pour la circulation sanguine et autres, débouchant sur d'autres orifices. Aérons le corps, plus en dehors de lui-même, plus adonné à l'espace extérieur que l'on ne croit. De même, comparé-je l'âme à cette variété à trois dimensions du ruban de Möbius, dite bouteille de Klein, où nul ne peut décider ce qui gît à l'extérieur ou à l'intérieur : où se trouvent le Tendre, le mont Carmel, le complexe ? Comprenons-nous, en effet, ce que nous disons, lorsque notre parole exprime l'intime ? Dites-moi alors d'où elle sort. De la bouche, des poumons ? Extérieurs, alors. De quoi parles-tu ? De tes complexes ?

Aux paysages dont je rêve et que je ne sais placer, Tendre ou Carmel, à ceux que j'habitai ou que mes voyages extérieurement traversèrent, comment ne pas surimprimer ceux de mes lectures et de mon imaginaire ? J'ai navigué sur dix Atlas, en couleurs et en papier, encore plus longuement que sur les océans réels ; en compagnie du capitaine Nemo, j'ai observé, de son salon, par le hublot du *Nautilus*, mille espèces sous-marines citées par les manuels imprimés ; les images de Cousteau m'embarquèrent sur la *Calypso*, mais aussi bien, compagnon d'Ulysse, j'errai sur le sourire de la mer divine, sous l'aurore aux doigts de rose ; j'ai fait naufrage comme lui ; hélas, Nausicaa jouant à la balle avec ses compagnes sur le sable de la plage m'a rarement sauvé des eaux et accepté de me tirer des algues misérables pendues à ma peau. Ma tapisserie intime s'imprime de mille mappemondes de papier ou de songes.

Sous ces cartes entassées gisent, plus actifs encore quoique dormants et souterrains, comme plaques tectoniques, les eaux premières du tohu-bohu, préparant la stase musicale, l'Éden aux cent fruits, mon paradis, les puits de fiançailles où burent les patriarches, mes soifs de la femme, la montagne Sinaï de mes extases, le désert de l'Exode, la misère de Job, désespoir noir de mes jours de peine, mes amours charnelles et mystiques au Cantique des Cantiques et celles de mes reines de Saba, le lac de Tibériade et sa pêche miraculeuse où je croirais Garonne et ses aloses dont les bancs couvraient les eaux, moments pléthoriques de surabondance, la cime de la Transfiguration et de mes transports, le mont des Oliviers, le Golgotha, mes agonies, la route d'Emmaüs, mes rencontres… Je chemine dans la poussière des sentiers de Palestine dont je ne sais s'ils courent la sécheresse caillouteuse entre Jérusalem et Jéricho ou s'ils parcourent mon pays intérieur. Je ne naquis point là, aucun de mes ancêtres n'y pêcha de poisson, n'y garda de troupeau, je n'y passai que peu de semaines, mais, en quelque manière, j'y reconnais ma terre, le lieu où naquit Celui qui, un soir de joie désespérée, me vola l'intimité de mon intimité. Qui suis-je ? Qui le sait ? Mais où suis-je ? Vois la montagne des Alpes autour du col de la Bonette ; toi seule sais que, si tu la contemples, tu verras mon âme. Qui peut la situer, dehors ou dedans ?

Ego sive natura

Nous avons tous besoin d'un récit pour exister. Nous nous créons nous-mêmes. Le *je* auteur se place, à la fois, à l'extérieur et à l'intérieur du *je* acteur.

Le récit de Bible tire les conséquences éblouissantes de l'émergence d'un langage si prodigieusement humain qu'il en devient divin. L'auteur omniscient du texte, l'auteur tout-puissant des choses du monde et de l'histoire du peuple créent le monde avec cette parole que les experts appellent performative. Dieu dit : *fiat*, et cela se fait. Auteur et créateur se confondent. Or, les auteurs humains de mille récits postérieurs savent qu'ils ne créent jamais que du texte, signes sur du papier, ombres sur un écran. Sauf, justement, l'auteur de l'autobiographie qui, lui, sait que la langue du *je* crée le *je*, aussi performative que la parole de Dieu produisant les choses du monde. Chacun, par son style, devient son propre créateur. Avant de juger Jean-Jacques, Rousseau le créa. J'existe par le récit que je me dis ou que j'écris. *Ego sive Deus.*

Or nous commençons à savoir lire, décoder, traduire, déchiffrer cent langages nouveaux hors de ceux que nous parlons ; celui des cristaux, des couleurs stellaires, celui de la radioactivité, de la biochimie… ne dépendent pas de nos projets. Nous venons de découvrir un ensemble large de langages non humains. Écrit, le monde sait écrire. Les lumières du ciel tracent les lignes d'ombre du gnomon sur le plan du cadran solaire ; à travers la plaine, les eaux de ruissellement gravent les courbes douces du bassin fluvial ; l'érosion sculpte la montagne ; les roches stockent le moment de leur refroidissement ; les strates s'entassent comme des paragraphes, les paysages passent comme des pages, les falaises semblent des volumes ; sur les glaces carottées, les poussières de l'atmosphère marquent l'âge de leur descente ; les éléments radioactifs font le décompte de leur âge ; en travers de l'Univers, le big bang traça pour toujours le rayonnement cosmologique ; l'ADN programme partie de l'individu à venir et y lance des machines à traduire ; le code génétique a, lui aussi, un pouvoir performatif ; il dicte et cela se fait. Existe-t-il un paysage ou quelque rivage, fractals, dont on ne puisse, à terme, lire mille lignes ; un son émané dans les airs, le sol ou les eaux, que l'on ne puisse, à terme, ouïr ; et dans les deux cas les comprendre comme paroles ?

Autant de langages explosent en écritures, elles-mêmes diversifiées en autant de graphies qu'il y a d'états de choses. Inerte ou vivant, l'univers parle comme nous, écrit comme nous, dit et s'exprime comme nous, crée des banques de données, se souvient, traduit, et même parfois, mutant, erre ou ment, mais rarement. Cette révolution ptolémaïque du langage le décentre de nous. Les langues objectives dépasseront-elles en nombre les idiomes des hommes ? La nature nous dessaisit-elle de l'exclusivité langagière ? Qui, aujourd'hui, s'attendait à cette nouvelle révolution, blessant, une fois de plus, le narcissisme humain ?

Parlant d'elles-mêmes, écrivant d'elles-mêmes et sur elles-mêmes, les choses du monde disent-elles, performativement, elles aussi, leur autobiographie ? Oui. L'Univers, la Terre et la vie savent raconter leur origine, disent leur évolution, relatent les bifurcations contingentes de leur temps et laissent entrevoir parfois, l'ère de leur disparition. Un immense récit émane du monde. Les choses elles-mêmes se connaissent-elles elles-mêmes ? Peut-être. Peut-on concevoir une autoconnaissance du monde ?

Faut-il que je trouve, dans l'inerte et le vif, des récits ou confessions ? Lorsque j'écris, ainsi, les miennes, ai-je conscience que, fragment fractal de l'univers, je mime les galaxies, la planète, la foule des molécules, les particules de radioactivité, le brame du cerf ou le plumage du paon, vaniteusement déroulé ? Ainsi le petit conte qui me crée entre-t-il comme partie dans le Grand

Récit du monde. Je me dis et me connais comme la nature se dit et se sait. L'intérieur le plus intimement secret rejoint l'extérieur le plus colossalement déployé. Savais-je, avant de commencer à écrire ce livre, que celle ou celui qui se raconte se rapproche au plus près des choses ? Le sujet parlant mêle son bruit à celui des objets résonnants. J'écris comme lumière, cristal ou ruisseau ; je me raconte comme le monde.

Je commence à entendre ensemble les langues des hommes et celles des choses ; je songe au pont qui les unirait. Assourdi, ébloui, je découvre l'universalité de la langue et de l'écrit, leur prégnance globale dans le subjectif et l'affectif, le cognitif et l'objectif. J'entends la vibration panlinguistique émise par les câbles de ce pont performatif qui me relie aux autres, à Dieu et au monde : *ego sive homo sive Deus sive natura.*

Exister en vérité, mentir pour exister

Or si Dieu, omniscient et vérace, n'erre, dit-on, ni ne ment, si la nature elle-même ne nous trompe pas, puis-je, moi-même, me dire véridique et infaillible ? Non. Certes, je peux me méprendre sur tel point factuel ; certes, mon récit sait mentir, mais, en unifiant des éléments épars, il dit autre chose, moins de l'ordre de la vérité que de celui de l'existence. Il me met au monde. Nous avons tous besoin d'un récit pour subsister. Ce disant, je vibre entre faux et vrai au moins autant que tantôt, entre externe et intime, subjectif et naturel. Existé-je au prix fort de la vérité ? Je ne sais, mais je sais, en tout cas, que se joue là un jeu qui, dépassant celui de l'authentique et du falsifiable, a pour enjeu vie et mort. De ne pas me dire, je disparaîtrais. Le récit m'importe donc tant qu'il faut à tout prix que je le tisse pour que le fil de mon temps continue. Il y va de l'existence.

En filant le texte de mon conte, je tisse le fil de ma vie, comme le faisaient les Parques. N'ai-je plus rien à dire ni à raconter, il faut, vite, que j'invente pour combler ce trou de néant dont je sens et vis souvent le vide. Alors, affolé, j'augmente. J'exagère, gonfle, remplace. Je crée ou je mens ? Au risque éthique du mensonge, au risque pathétique de la paranoïa, je me prends pour un dieu créateur à la parole performative : je crois, dur comme fer ou de mauvaise foi, que je vis vraiment comme je dis et tente, éperdument, de le faire croire. Devenu faux dieu trompeur, j'échange ma vie contre la vérité ; je mens pour exister. La pathologie, qui me trouve malade, et la morale, qui me juge menteur, prennent-elles en compte cette augmentation venue de cet affolement de mourir sans cette enflure, œdème ou bouée de sauvetage fluctuante sur la mer du Rien ?

Or le terme auteur, je l'ai dit, a pour origine ce verbe augmenter. D'où lui viennent cet élargissement, cette emphase ? La parole arrondit les joues, avance les lèvres, souffle du vent, influence les âmes. Ai-je donc le verbe haut ? Quoi que je dise, ma langue sonore excède le fait silencieux, mon verbe se décale de l'événement muet. Le récit ne crée pas exactement le *je* vivant et agissant dans la réalité. Entre dire, doux, et faire, dur, persiste au moins un décalage énergétique et informationnel. Du coup, l'enjeu et l'angoisse d'exister, pour de vrai, dépassent le souci de l'authenticité véridique. Je caresse même l'idée que si je m'en tenais toujours à la stricte loyauté, en rabotant implacablement l'imaginaire, le compassionnel, la logique des ensembles flous, l'espérance aveugle des projets, l'angoisse folle de durer, bref, le virtuel, l'irréel, le possible et le rêve, j'entrerais dans une psychorigidité d'une rigueur si coupante qu'elle m'empêcherait de vivre et interdirait à mon entourages ses aises.

Il m'arrive donc de prêter moins attention à la véracité du dire qu'à son aura, sa brillance possible, l'enthousiasme qu'il communique et la chaleur qu'il propage ; voilà pourquoi, voguant sur les ondes longues de la voix, je parle mieux que je n'écris. L'éloquence élève la chair comme un sou de levain aère la pâte. Le vrai cru, net et précis me paraît souvent plat, mécanique, cruel, aseptique. Homme de théâtre, peut-être, romancier, conteur en tout cas, je n'ai pas dû quitter les fascinations de l'enfance pour l'errance initiatique. Je crois qu'enchanteur, le langage vaut par ses bases musicales, son rythme, formes et couleurs, et qu'il nous advint pour qu'on vive, danse et s'enlève, pour que, par ses sons, nous construisions un autre monde, le nôtre propre, léger. Par exemple extravagant, les vérités translucides des mathématiques me fascinent moins de leur rigueur démonstrative qu'en bâtissant mille palais de glace dont je visite sans me lasser les architectures aux inépuisables merveilles ; en ce paradis-là, une incroyable accumulation d'évidences tord l'intuition de bon sens si souvent et accède à des trouvailles si torturantes que la vérité y acquiert le statut transcendant de l'extase ; j'y ai appris à aimer le vrai aux conditions susdites de l'enchantement. Quant aux vérités intimes, elles s'accompagnent chez moi d'un tel déploiement d'émois – du coup, je vois plus l'émotion que l'état, donc le mouvement mieux que la chose stable – que je les perçois tremblantes, moins de flou et d'obscurité que d'une lumière excessive ; je les vois mal plutôt par excès que par défaut. Renard enthousiaste : ce vieux totem, mon nom authentique donné à mon adolescence avec tant de justesse, découvre en moi cette divinité brillante ou ce démon brûlant qui ne desserrèrent jamais leurs griffes ni ne cessèrent leurs bénédictions et dont la présence double y produit sans arrêt un emportement, des harmoniques de périphérie, une augmentation exagérée des choses et des événements telle qu'entendus de l'extérieur, ils peuvent paraître verser à la fausseté ou au mensonge, au masque même, alors que je les subis ou les exprime comme soulignement, comme accentuation d'une voix, d'une joie, d'un désespoir qui cherchent à se faire entendre de loin ou de très bas, ou, mieux, à guider l'interlocuteur dans la direction de cet autre monde que je ne cesse jamais d'espérer. Je n'ai jamais sauté, parlé, pensé, couru, aimé, marché, dansé, nagé, ri ou pleuré que propulsé par l'espérance.

J'espère toujours, aujourd'hui et à chaque minute, autre chose que ce que je vois, un autre monde que celui-ci, répugnant de violence et de laideur, un autre homme que celui que je crois être ; décalé d'espérance, je vis cette altérité, entre ces deux rameaux. Je devine dans l'autre un héros, un génie, une sainte ou la déesse de mes jours, une lampe auréolée, non, je ne vois pas clair, je vois illuminé. Pourquoi croyez-vous donc que je vis entre des lignes de livres ou de récits ? Pour le meilleur et le pire, cette lueur excessive et oblique m'aveugle et me brûle, me torture et m'enchante. Le tiers intérieur de l'enthousiasme, je le sens en moi comme le Diable et le Bon Dieu. Il me sauve et me damne. Il me permet de survivre. Je vis, aime et pense moins les deux pieds sur la terre irrécusable de l'évidente vérité qu'éperdu, ballotté entre enfer et paradis.

Descartes présenta intuition et déduction comme deux opérations de l'esprit. Elles caractérisent, en fait, deux variétés d'esprits qui souffrent de l'angoisse de ne pas jouir ; l'un ritualise la route pour y parvenir ; l'autre l'annule en courant sans médiation. Le premier construit une méthode, une logique, trace une route scandée de bornes et de reposoirs ; l'autre prétend qu'aucun chemin déjà tracé ne permet de trouver du nouveau. L'un, actif, déductif, inductif, séducteur, court les filles ; l'autre les attend dans son lit. Celui-ci démontre et va au vrai ; celui-là raconte et peut se tromper. Lent, l'un évoque la clarté des choses et la sûreté de la raison ; rapide, l'autre entend et voit, se lance dans l'immédiat, invoque la théorie du chaos, prend les bifurcations et sautille çà et là. Je me range plutôt là.

Mort et renaissance

Nous avons tous besoin d'un récit pour exister. Le récit d'une méthode droite erre rarement ; l'intuition tombe sur la vérité en se trompant souvent. Vibrant, au moins deux fois, entre faux et vrai comme entre l'externe et l'intime, le subjectif et l'objectif, mon récit de joie pathétique vibre aussi entre le néant et l'existence. Sans récit je ne vaux rien. Au-delà de l'erreur et de la vérité, je ne suis rien, ontologiquement parlant. Comme Ulysse le marin, je me nomme Personne. Le capitaine Nemo commande un sous-marin que nul n'a jamais vu, plongé au plus profond des mers ; une boîte noire intime s'efface dans une boîte noire externe. L'appel : Michel ! couvre ces deux vides. Derrière ce son d'exclamation, personne vraiment ne répond. La difficulté que j'éprouve à descendre dans les plis de la conscience intérieure ne vient pas seulement de ce que je ne les vois pas, mais, peut-être, de ce qu'ils n'existent pas. Qui suis-je ? Cette boîte noire. Obscure, privée de spécifications ; ou, au contraire, blanche, équivalente à n'importe quoi. Pour me sortir de cet enfer, de ce néant fondamental, de ce noir, de ce blanc translucide, tous deux vides, j'invente ma vie, la projette, la construit, la modèle, me la représente, la raconte. Il nous faut un talent fou pour falsifier ainsi notre néant. J'admire le génie, proprement divin, de ces hommes qui, avant nous, inventèrent l'individu. Il fallait au moins un dieu pour nous tirer de ce rien, de ce néant, du vide que j'expérimente en moi tout le temps, le plus réellement du monde. Le récit crée-t-il ainsi le *moi* à partir du néant comme Dieu crée le monde *ex nihilo*, à partir de rien ? Ce miracle, dont vous doutez, pour le monde externe, deviendrait-il un acte quotidien, dans l'intime ?

Comment le récit que je mène depuis quelques pages, mal cousu, haillonneux d'emprunts, d'inventions, d'aveux, de souvenirs, d'attentions et d'inadvertances, de sorties et de plongées, peut-il unifier ma vie ? Le temps coule rarement de manière linéaire ; le plus souvent, il percole, je l'ai souvent dit. Les inventions de la conscience, de la parole et du récit, ces autopoïèses, passent des seuils de percolation, comme si s'enchaînaient des membres épars en niveaux successifs. Réussis ou ficelés, comment fonctionnent ces enchaînements ?

Non seulement je naquis et vais mourir, mais mon temps représentable court d'ici à là, où je demeure stable par transformations. Plus haut, l'identité désignait à la fois le principe logique $a \equiv a$, et celui d'individuation $je \equiv je$; il indique à la fois la nomination et une stabilité, le même et moi-même, *idem* et *ipse*. Je m'appelle Michel et, de la naissance à l'agonie, je demeure assez semblable à ce Michel-là, même sous vingt avatars, étrangers les uns aux autres : maçon, paysan, marin, écrivain. Existe-t-il alors, et troisièmement, deux identités supplémentaires : moi, identique et nommé, qui vis et agis en silence ou parle aux autres étourdiment, et moi qui me raconte ? Comment distinguer acteur et auteur ? Celui qui agit se confond-il avec celui qui relate le récit ? Sans doute existe-t-il un écart entre le second et le premier, même dans l'autobiographie, où celui qui vit se représente, en temps réel, sa vie. Si nous restions plongés, immergés, dans l'immanence temporelle, vitale et mondaine, le récit ne pourrait se dire, se constituer, se ramasser, s'unifier, perdrait consistance et durée, comme l'unité de son sujet. L'écart entre l'acteur et l'auteur permet à ce dernier d'entrevoir une quasi-totalité, de percevoir l'acteur dans ses performances, d'en stabiliser l'identité à travers ses aventures et ses avatars. Par sa parole, l'auteur se détache de l'immanence où plonge, nage et se débat l'acteur. Par ce dédoublement, par cette distance entre deux présences, par ce pertuis de représentation se tissent chaîne et trame du récit ; par ce pli ou ce trou coule et durcit le ciment de ma vie. Cet écart au temps, au néant, au sujet, à l'existence, cette distance qui tend à déborder le projet, les rêves et les rares réalisations, le début et la fin, la naissance et la mort, laissent émerger une autre dimension, la transcendance.

Sises dans les Enfers autrefois, hors le monde, hors l'histoire, hors les actes des corps et des âmes, les Parques filaient, tissaient, puis rompaient le fil des vies. Je dois, comme elles, me placer à l'extérieur de la mienne pour en composer un texte. Sans ce nouvel extérieur, nul ne pourrait enchaîner de récit ; l'immanence pure se déferait en bribes disjointes, dites par un fou, pleines de bruit et de fureur. Cette autre dimension conditionne le récit. Ce pertuis de transcendance où s'évertuent les trois Parques distancie la mort. Comment s'écarter d'elle, parler d'elle, comment se la représenter, sans se placer non point avant elle, vision toute banale qui cache l'authentique terme, mais après elle surtout ? Comment vivre une vie sans imaginer sa fin, comment vivre sa vie sans souffrir la mort ?

Dans l'*Odyssée*, l'*Énéide*, les Évangiles, *La Divine Comédie*… la descente aux Enfers, une fois de plus, conditionne le récit ; pas un qui ne perce la barrière noire ; pas d'œuvre majeure qui ne porte ce trou d'ombre… porte sombre par laquelle je vois enfin mon temps sommé ; pas de récit sans sa fin comme arrêt, sans sa fin comme but, sans sa fin annoncée, expérimentée le long de sa durée, sans la souffrance suraiguë de ce terme, sans cette douleur qui fait parfois s'étrangler ma gorge et mon temps, qui m'oblige à me réinventer minute après minute comme une création continuée, qui impose, parce que je la porte en temps réel, que je me la raconte à moi-même patiemment. À cette fissure sanglante et sanglotante de passion et de patience, vous reconnaîtrez une vie devenue un récit, qui peut devenir une œuvre, vous reconnaîtrez une œuvre.

Pas de vie réussie sans cette fissure d'une vie ratée, sans une part maudite d'échecs et de douleurs, ces petites morts différentielles, sans incendie de murailles ni naufrage au large, traversée du désert, exil, exode, sans esclavage ni captivité, chute dans la misère et la déréliction, sans abandon, angoisse ni exclusion, sans naissance dans la paille, passion ni crucifixion. Pourquoi ? Parce que nous ne pouvons voir nos vies sans le décalage qu'ouvre le voisinage de la mort, sans en éprouver la douleur. Mon présent se représente après ma mort. Agoniquement, la vie lutte contre elle.

Expérimenter, dans le déchirement, cet écart de transcendance permet de voir l'immanence en sa totalité, se la représenter, la décrire, la pleurer, la chanter, bref la relater. Sans cette blessure mortelle, nous demeurerions plongés dans le plan océanique d'immanence, sans percevoir plus haut, à chaque brasse, que la crête des lames, le hasard de la brise et les courants de contingence. Qui joue à se terrer dans ce plan d'immanence, oublie, à l'évidence, l'espace dans lequel plonge ce plan et sans lequel nul ne pourrait le construire ni le concevoir ; quelque finitude qu'il pleure, il ne peut penser cette île que parmi la mer, où celui qui pleure navigue et d'où il la voit, il ne connaît son relief qu'à partir d'un espace qu'il habite et d'où il en lève une carte.

Pas de récit, ni d'abstraction sans doute, sans une telle transcendance ; pas de transcendance sans expérience des sept douleurs. Pas de Mémoires sans outre-tombe. La transformation d'une vie en récit passe par cette expérience de la mort, par cet écart vertigineux, par la chute dans l'Averne, par la résurrection. Tout récit suscite la vie, ressuscite la survie. Le génie du christianisme lança un récit qui propose comme exemple d'une vie réussie une vie ratée, commencée dans le fumier des vaches, continuée dans une errance sans domicile fixe ni table et terminée par un supplice d'assassin. Existence minuscule couronnée, après la mort, par la résurrection. De même, accompagné de la passion de mort, le récit de ma vie petite me ressuscite. Pleurs de joie.

Nous : des récits collectifs

Mort, encore

Révulsé devant l'éclair d'Hiroshima, je ressassais, adolescent, ma culture privée de pitié ; je remâche, en ma mémoire, notre histoire écrasée d'armes, de courage, de sang et de larmes. Conservé par la transmission écrite dont elle s'enorgueillit, son mouvement commence par des guerres interminables sous les murailles de Troie ou de Jéricho, par des batailles inévitables dominées par des figures admirables, Achille ou Samson, brandissant des sabres ou des mâchoires d'âne. Sous le régime permanent de conflits perpétuels, son récit ne cessa d'anesthésier assez nos sensibilités pour nous faire envier le sort de ceux qui tuent ou agonisent, comme si la mort par sacrifice collectif devenait le but et le sens ultimes du temps de nos vies et de nos souvenirs.

Xénophon verse le sang perse ; Jephté celui des enfants d'Ammon ; Tite-Live assassine de l'Albain, du Sabin, de l'Étrusque et du Carthaginois ; Jules César extermine du Gaulois ; Roland le matamore nous fait croire qu'il ne taille que dans le rocher ; Saint Louis conquiert sa sainteté en combattant l'Arabe et en éradiquant du cathare ; les rois de Shakespeare, le Cid, les Horaces, les soldats de l'an II, les victimes de la guillotine, la légende napoléonienne, sans cesse revivifiés, mortifiés plutôt, par les conquêtes coloniales et deux guerres mondiales exaltèrent notre jeunesse jusqu'à nous faire croire qu'il fallait donner notre vie et prendre celle de frères que l'on nous persuadait de haïr de l'autre côté des frontières et des mers, afin que nos pères, enseignant une morale ignoble du ressentiment, du courage et de l'héroïsme, tuent leurs fils sans risque.

Aujourd'hui encore, comme en ce matin-là, je revois ma culture et mon histoire comme un fleuve abominable dont l'abondance débordante charrie du sang et des membres épars, sous les cris des corbeaux et les sanglots des femmes, veuves blanches des combattants morts dans la force de leur âge, sexe fauché.

Ce vers quoi un mouvement, aveuglément, se précipite, sa fin, parfois, l'exprime clairement. Il n'avait pas de but, certes, mais qu'il parvienne enfin en quelque lieu, interprété alors comme une cible, et cet achèvement révèle son passé. Comme au futur antérieur, l'on imagine lire là sa destination complète, comme l'intention de son élan.

Soudain élargi, arrêté, immobile, figé, ce flux historique se mit alors à pourrir. Sur le monde entier se répandit l'odeur pestilentielle, irrespirable, de l'histoire occidentale. Je le sentis, le vis, le compris : Alexandre, jeune conquérant, se décompose en Hitler ; couronné de lauriers, Jules César se putréfie en Mussolini ; Napoléon croupit en Staline et le maréchal Foch en Pol Pot ; les hoplites, les croisés, les grenadiers de la Garde, tous ceux qui partirent la fleur au fusil… les revoilà, corrompus en nazis, infectés en staliniens, avariés en kamikazes, gangrenés en intégristes, chancis en ceux qui brandissent l'axe du Bien. Au visage découvert des assassins contemporains se révèlent les anciens héros.

Les figures illustres de notre culture réapparurent sous leur jour véridique et loyal grâce à la puante vérité de notre XXe siècle et à ses dizaines de millions de cadavres, siècle dont le génie récapitula d'un coup, en les maximisant jusqu'au zénith, toutes les abominations graduellement perpétrées dans le temps qui précéda, plaqua l'accord symphonique terminal de petites polyphonies préalables, paya la dette entière que nos pères n'acquittèrent qu'en menue monnaie. Victime d'une indigestion d'histoire, notre temps vomit son passé, en en faisant le résumé, l'addition, la synthèse, l'intégrale et en exprimant clairement le sens de toutes les horreurs historiques et culturelles que l'on nous obligea de gober, d'imiter, d'admirer. Alors je sus que, de loin ou de près, Staline, déjà, se préparait dans Napoléon, Hitler dans Alexandre et Mussolini dans Jules César ; le brouillon Foch précède le propre Pol Pot ; l'esquisse des Gaulois et des cathares éradiqués apprête l'épure de la Shoah ; ébauche ancienne, la prise de Troie ouvre l'actualité du bombardement de Dresde. L'une après l'autre, lointaines ou proches, toutes ces figures promettaient le remplissement, l'accomplissement de leur projet. Ces tentatives hâtives couraient vers leur Vérité, désormais dévoilée. Nos cultures enseignent le meurtre. Je lis dans le sang le sens de l'histoire et dans les crimes contre l'humanité son but. Et puisque cette vérité enfin apparaît sur écran géant, frissonne l'espérance que sonne, enfin, la fin de cette ère.

Ce remplissement des promesses dont mon histoire donne mille images éparses, voilà, en précision, la révélation qu'apporta le XXe siècle. Avec un immense espoir, j'appelle inhumaine l'époque complète qui le précéda et qu'il acheva, parce que ce mot d'époque signifie, certes, la durée d'une ère, mais, plus profondément, plus littéralement, de façon plus décisive, indique qu'un segment, commencé ici, s'acheva là ; qu'une parenthèse, ouverte avec l'écriture en un temps reculé, à cette date se ferma ; que ce qui commença sous les murs de Troie et se perpétua de canons en cuirasses et de torpilles en bombes, de génération en génération, se paracheva dans les sommets d'horreur de mon enfance ; que, longuement élevée, caressée, préparée, mûrie, éduquée, instruite, choyée, illustrée, délicatement fleurie, chantée de manière assourdissante… pendant quelques millénaires de culture meurtrière, la Bête thanatocratique se révéla, totale, en les nuées d'Hiroshima. Moins le chant du cygne que le hurlement final du Léviathan Histoire. Sur ce chemin de culture, espérons que nous n'irons pas plus loin que cette révélation-là. Alors cette époque se ferma.

Libido *d'appartenance*

Nous participions à l'appartenance que de tels héros sanglants illustraient. Nous devions combattre les Troyens, Perses, Philistins, Barbares, *ces féroces soldats* qui parlent d'autres langues, habitent de l'autre côté des montagnes, mangent, boivent, aiment, se gouvernent autrement et appartiennent à d'autres groupes. Nos héros font notre histoire qui fait nos héros qui font ensemble notre sous-ensemble. Qui sommes-nous ? Des participants de notre appartenance.

Sans doute ne pouvons-nous pas nous en passer. Nous aimons en couple, mangeons en famille, vivons dans notre région, collaborons aux affaires de la cité ou du métier, pensons selon nos corporatismes, parlons notre patois, tenons à notre culture et, parfois, à la patrie, le tout en compagnie de comparses, fiers d'une commune civilisation. Mais cette passion, dont l'intensité enchante notre bonheur et nous enchaîne à des proches, à des pairs, à des semblables, entraîne aussi à la violence. Querelles entre tribus, guerres des nations, lutte des classes, la rivalité oppose, autant et plus que les personnes, les groupes dont nous jouissons de faire partie. Le déluge de feu et de sang où baigna mon enfance ruissela-t-il de cette lourde *libido* d'appartenance, dense de bruit et de fureur, de meurtres inexpiables, d'imprescriptibles culpabilités ? J'en eus toute ma vie le soupçon. Mais pouvons-nous rêver de vivre sans communauté ? Faut-il, là aussi, que l'amour se mêle à la haine et la solidarité au meurtre sacrificiel ?

Sans doute ne pouvons-nous pas nous passer d'appartenance. Nous voici dans la paroi, le guide, mon amie et moi. Joie discrète. En la cordée formée depuis longtemps déjà, chacun sait comment l'autre réagira et anticipe même ses conduites. Un mot, un cri, un appel discret, un frémissement de la corde suffisent à communiquer le détail indispensable. Économiques, les intentions répondent aux gestes et les silences à la mutité. La cordée agrippe et caresse la montagne qui répond, muette, à la cordée. La corde écrit sa ligne sur la voie déjà tracée sur la paroi. Nous ne jasons que pendant la marche d'approche, en dialogues aux mains libres et aux coudées franches. Mains et pieds liés par la présence transcendante de la montagne, nos corps et nos âmes deviennent transparents. Nous parlerons, de nouveau, librement, au sommet, déliés. Entre la base et la cime, accords tacites de détail, contrat silencieux d'ensemble. Qui gravit la voie ? Ni toi, ni moi, ni lui : *nous*. Mais comment nommer ce *nous* de cordée, comment dire ou décrire ce qui se fait sans paroles ? *Nous* : soudés, liés ; *nous* : sous le contrat de la corde. Voulez-vous voir, toucher, expérimenter dans le concret le plus vivace le contrat social ? Venez avec nous en course au Pelvoux, et vous observerez le rôle de la corde. Elle nous unit, amoureux, passionnés de beauté, juridiques, religieux. Joie légère d'agir ensemble.

Horreur. Nourri dès l'enfance de guerres inexpiables, contemporain de dizaines de millions de morts, écœuré à jamais de cadavres, j'ai longuement vomi les idéologies d'assemblage qui, valorisant patries, partis, sectes ou classes, poussèrent leurs militants, militaires, citoyens, sectateurs, engagés de mille farines, à mourir, sanglants, pour le Léviathan correspondant. Je fuis la foule en furie et ses vociférations ; je hais les groupes de pression, alliés pour conquérir le pouvoir et propager, en la déguisant, l'injustice. À ouïr définir la sociologie comme un sport de combat, je devins vite pacifiste. Je préférai de petites équipes, vite dissoutes, notre cordée en haute montagne, mes anciens bateaux légers, les coopératives, les associations sportives dérivant vers le folklore. J'ai, du coup, passé mon temps, avec regret souvent, à des travaux solitaires, alors que, pourtant, j'aime la vie communautaire, de science ou d'exercice, jouis de partager la peine, l'œuvre, le pain, le sel, les rires et les fêtes, de jouer avec et pour autrui. Comme la langue d'Ésope et l'amour passion, le collectif porte au crime et au bonheur, au pire et au meilleur. Nécessaire et dangereux.

La crise du collectif

Question : loyalement parlant, de quel collectif, aujourd'hui, mes contemporains et moi-même avons-nous envie vraiment de faire partie ? À supposer que certaine *libido* d'appartenance nous agace, à quelle adresse apporterons-nous adhésion, signature et enthousiasme, jusqu'à y consacrer tout ou partie de nos jours ? L'individualisme, dont parfois se plaignent les contemporains doctes, naquit, aussi, de ce dégoût des meurtres perpétrés par les idéologies qui détruisirent ma jeunesse, passée à longer des morts dans des fossés. Citez le collectif assez digne pour que s'y investissent le consentement, la croyance, les actes, voire l'engagement de l'existence. Une sorte de relativisme sceptique nous jette à distance de ce choix. Combien d'institutions qui déchaînèrent l'enthousiasme de nos parents ressemblent désormais à ces étoiles dont nos yeux reçoivent la clarté mais dont la science montre qu'elles moururent voici des lustres ? Leur froideur n'attire plus grand monde.

Au-delà d'un choix possible, la question porte plutôt sur l'intensité de l'investissement requis. Nous avons besoin de vivre en groupe, je l'avoue en même temps que mes amis. Nous venons de nous engager en celui-ci. Quelle énergie requiert-il ? Devrons-nous vivre et mourir pour lui ? La réponse jaillit : non. Quel groupe, aujourd'hui, mérite le sacrifice de nos vies ? La patrie ? Je lui ai déjà donné l'âme de ma jeunesse. Je ne récite ni ne chante volontiers les appels au meurtre de *La Marseillaise*. Et j'invite mes pareils à oublier les bruyantes paroles de cet hymne, même si des dirigeants, issus d'un autre âge, désirent que nos enfants apprennent par cœur à sucer son sang. Car ces autres, venus d'ailleurs et participants d'un autre groupe, nous ne pouvons plus, sans crime contre l'humanité, les considérer aujourd'hui comme des ennemis, comme de « féroces soldats qui viennent jusque dans nos bras égorger nos fils et nos compagnes ». Non, nous ne donnerons plus nos vies ni n'offrirons celles de nos descendants pour assassiner ces voisins, au moins européens, au plus humains. Devant mes étudiants, face à mes successeurs, je les appellerai plutôt frères d'adoption et les inviterai à venir, jusque dans mes bras, rire et dîner avec ma compagne et, pourquoi non ? courtiser mes filles et petites-nièces. Jusqu'à ma mort, et par dilection adoptive, je chanterai la filiation humaine plutôt que cette haine. Si faire partie de ma patrie exige cette ignominie, autant me replier dans l'individualisme. Aucun enthousiasme ne m'enflamme pour ces hurlements de hargne. Je ne veux plus croire en ce récit ni chanter l'ignoble racisme d' « un sang impur ». Plus personne, au moins en France et en Occident, au plus dans le monde, ne peut ouïr de telles harangues. Rien de pire que de ne s'aimer que les uns les uns. Aucun groupe, simplement humain, ne justifie l'investissement de sa vie, sauf peut-être, justement, le surnaturel, surhumain, ou les projets humanitaires globaux ; en tous ces cas, rien n'autorise à verser le sang d'autrui.

Sans le dire, les gouvernements le savent, puisque les armes redeviennent des métiers. Les vieux qui occupent le pouvoir ne se reconnaissent plus le droit de négocier avec ceux qui règnent au-delà des frontières l'assassinat de leurs propres enfants par les leurs ; ce que les manuels d'histoire nomment la guerre. Croyons-nous encore à l'un des plus étranges aveuglements de notre histoire ? Partout enseigné, cité, encensé, certain médecin viennois théorisa naguère et ses lieutenants popularisèrent le dogme du meurtre du Père, alors que, dans le même temps, de 1914 à 1945, en trente et un ans et deux conflits, quelques vieillards rares, disséminés en Europe et dans le monde, mettaient à mort leurs enfants, par dizaines de millions. Voilà l'un des progrès contemporains notables : devant des cimetières géants, qui supporterait encore ce mensonge ? Nous ne comprenons pas mieux les actes kamikazes ni les suicides terroristes. Nous ne récitons plus sans répugnance les vers de l'*Horace* de Corneille, qui enchantèrent la jeunesse de trois siècles, plus la mienne : « Mourir pour sa patrie est un si digne sort, Qu'on briguerait en foule une si belle mort. » Nous trouvons aujourd'hui, à juste titre, horribles ces récits écrits pour embellir des cadavres en tas. À ce prix, nous ne voulons plus nous définir exclusivement comme participant à une appartenance : chacune vire au racisme. Ayant acquis plus de maîtrise sur nos vies singulières, nous refusons de les assujettir à une idéologie couvrant la violence collective. Nous voulons bien céder aux délices de la participation, mais à la condition que l'existence du collectif choisi ne vole celle de personne. Nous désirons abolir cette peine de mort. Quel groupe vaut une vie ?

La mienne : oui, je n'existe que si j'en dis un récit. Mais nous n'existons ensemble aussi, quelque collectif auquel nous adhérions, que si nous racontons sans cesse sa fondation, son développement, ses catastrophes et ses renaissances. Vrai pour deux amants, vrai pour la cité d'Athènes, l'Église romaine, la nation française, le continent européen… Dès l'attaque de ma page, écrivant d'appartenance, je racontai ma jeunesse, notre histoire et celle du dernier siècle. Nous existons, comme *nous*, dans et par l'histoire, que je définis volontiers comme un mode d'existence du collectif dont elle narre les bassesses et les hauts faits. Sans elle, ne disparaîtrait-il pas ?

À quelles conditions acceptez-vous de vous engager dans tel groupe ? Quel investissement, quelle motivation, quelle énergie, en général, voulez-vous, pouvez-vous, devez-vous consacrer à telle appartenance ? Autre version des questions posées tantôt : quelle croyance accorder à son histoire ? Quand je racontai ma vie, l'auteur de ces récits devait, je m'en souviens, pour créer l'écart qui permet que se déploie cette parole, dépasser la mort de son acteur. Nous venons de retrouver la mort au cœur de la question concernant l'histoire collective. Nous forçait-elle à l'accepter, même à la désirer ? Nous la refusons désormais, nous voulons abolir les sacrifices humains dont le sang cimente les groupes. J'ai bien assez de mon propre lac de larmes, je et nous ne voulons plus croire à cette histoire sanglante, nous lui refusons notre adhésion. Nous désirons abolir cette histoire de mort.

De sorte que je me trouve, que nous nous trouvons, que tous les hommes aujourd'hui se trouveront vite sans doute en cet état nouveau, hésitant à signer un contrat social inédit. Voilà ce que j'appelle la crise des appartenances : chacun existe, en soi et pour soi, individuellement ; une aventure plusieurs fois millionnaire en Afrique et cent fois millénaire à travers le monde, nous venons de l'apprendre et d'en prendre conscience, nous fait exister comme espèce. J'existe comme *je*, depuis deux millénaires, en théorie, et, de fait, depuis à peine quelques générations ; nous existons tous comme genre humain, depuis seulement hier matin. Je vis, agis et pense en un point singulièrement local, moi ici et maintenant ; nous participons tous au destin global de l'humanité, dans la totalité du monde, désormais habité en entier, par l'ensemble des circulations humaines, mais aussi vivantes, inertes et climatiques.

Au beau milieu de ces deux états, l'un local et singulier, l'autre global et spécifique, nous ne savons plus découper nos groupes, où placer nos collectivités, comment choisir nos sous-ensembles, où et comment investir notre *libido* d'appartenance. Au centre du *je* et d'un *tous* assez neufs, le *nous*, sujet plus ancien que les deux autres, entre désormais en crise. Il soutenait nos pères, nous le perdons. Qui sommes-nous donc, que raconter de nous ? Existe-t-il un nouveau *nous*, comme apparaissent le *je* et le nouveau *tous* ? Mais où se trouve-t-il, où placer le mien ? Dans l'habitat, le métier, le langage, les us et coutumes, les classes sociales, les rites, le drapeau ? Ma nièce disait : « Je ne puis plus devenir moniale du Bon Dieu ; je ne veux pas consacrer ma vie à un parti ; mais je redouterais plus encore de vivre comme la nonne d'une entreprise. » Dans quel groupe voudra-t-elle s'engager ?

Citoyen errant

Et que raconter de mes appartenances ? Mobile, j'habite la Gascogne avec mes agnats et cognats dont je parle la langue, l'Auvergne en compagnie des Cantalous et des Creusois, la banlieue sud-est de Paris, voisin des titis et d'immigrés de dix pays, le Queyras avec les gens de l'Alpe, la Bretagne, en mer avec ses matelots, le Danemark et l'Italie avec mes amis, si raffinés, de Florence et d'Aarhus ; l'Europe, donc, mais aussi la Californie avec ses ingénieurs et ses Latinos, le Québec, participant aux souvenirs émus de la Nouvelle-France, les Andes et ses guides, le Brésil avec ma fille, quasi adoptive, de São Paulo, le Japon, dans la délicieuse fraternité de mes amis traducteurs, l'Himalaya et ses sherpas, la Chine, en harmonie avec ses paysans, le Liban et ses religions pathétiques, l'Australie, magnifique de sol et d'humanité, Djibouti, la brousse malienne et l'Afrique du Sud, fascinantes, dangereuses... J'ai vécu en tous ces lieux, ces groupes et d'autres encore, que j'aimais, que j'aime toujours, je me sens appartenir à chacun d'eux, en quelque façon. Partagé de corps et d'âme comme le bariolage des cultures, j'ai fondu la mienne, originelle, en autant de solutions. Je parle, fort mal je l'avoue, quelques langues... participe aux civilisations antiques, cathare, occitane, française, espagnole, portugaise, italienne, sud-américaine, anglaise, allemande... juive, chrétienne, catholique, protestante, orthodoxe, ouvert aux autres religions... Où placer ma collectivité vécue et vraie ? Partout, nulle part, ici, là-bas ? En celle de ma naissance, oui ; en celle où, d'aventure, je plongerai demain, oui encore. Fluctuantes, ma patrie gît à l'intersection de patries, ma culture à l'intersection de cultures, mon appartenance ou civilisation en une autre intersection, de sorte que, turbulent, mon corps hante plusieurs carrefours. Mon cas, usuel, se répand aujourd'hui.

Nous devenons citoyens du monde, comme les stoïciens à la fin de l'ère antique ; et lorsque nous voterons en ligne : citoiliens. Je crois voir se dissoudre et mourir les frontières tracées par des histoires violentes, militaires, criminelles. Je constate avec tristesse que ne se constituent autour de moi que de médiocres groupes de pression hâtivement formés pour prendre quelque pouvoir et dévorer de petits bénéfices ; repoussants, iniques, méprisables. La crise de civilisation que traversent l'Occident et sans doute le monde dans son entier, vient, certes, du processus d'hominescence que je décrivis, mais aussi du doute qui nous saisit aujourd'hui : à quel groupe appartenir qui intéresserait notre avenir et porterait celui de nos descendants ? À cette question suspendue, nous savons rarement répondre. Assoiffé d'entrer dans une équipe, je l'ai cherchée sans la trouver. Je vois partout se former, vite et peu nombreux, des groupes sympathiques, fluctuants, à projets restreints, tôt évanouis, passagers, comme si chacun n'y mettait, prudent, qu'une petite patte. Je remarque même que l'on s'attache avec d'autant plus de plaisir, en retraite, à une campagne à voisins rares et horizon retiré que l'on bourlingua, sa vie durant, parmi océans et latitudes. Reste, je le disais, l'« humanitaire » ; mais, tout justement, il se réfère à *tous* ; ou la surnature, mais son royaume gît hors du monde.

Diogène le Cynique errait, dit-on, dans les rues, porteur d'une lampe allumée en plein jour, criant : je cherche un homme ! Sans le trouver, il quêtait la rencontre d'une personne individuelle ou de l'homme universel, comme espèce ou genre. Pourquoi ? Parce qu'aucun des deux n'existait en son temps et que ne se trouvaient, dans la cité, que des citoyens ou des étrangers, des esclaves ou des hommes libres, des mâles ou des femmes, des matelots ou des agriculteurs… tous participants d'une communauté politique, sociale, religieuse, sexuelle, artisanale… bref, des pairs engagés dans des appartenances. Pas d'*ego*, pas d'humains. Cap pour cap, la situation se retourne aujourd'hui : errant, plongé dans une foule bariolée d'individus et parmi les cosmonautes du vaisseau *Terre*, je cherche une communauté introuvable.

Appartenance allégée

J'ai soupçonné la *libido* d'appartenance de causer mille maux, violence et fureur. Nous aimons cependant, parfois, nicher, là, dans une hutte parmi une forêt noire de résineux. Étrangers au large, nous respirons mieux dans un réduit. Nous aimons paroisse, cousinage et enracinement.

Certes, mais nous en changeons. Au moment où l'agriculture casanière cesse d'établir les bases de notre culture, nous desserrons les liens qui nous attachent à la glèbe, à nos autels et foyers. *Homo viator.* Alléèger nos appartenances, voilà notre état présent et notre programme : nous entendons cet exil se décliner en plusieurs langues. Le Grand Récit en donne une version évolutive, temporelle, hominienne, immanente. Voilà cent mille ans, nos ancêtres quittèrent l'Afrique et les délices du berceau ; nous tous qui peuplons le globe descendons directement de ces voyageurs-là. Nous ne pouvons nous dire ni de Gascogne ni de Yokohama. Voici la deuxième version, religieuse, de cet allègement. Une sainte complainte, dont le pathétique n'appartient pas seulement aux religions chrétiennes, transforme notre existence en une émigration ; jetés sur des rives étrangères, nous laissâmes la maison. Nous pleurons au souvenir et au regret de notre origine, le sein d'Abraham, et espérons y revenir. Mythe ou réalité, illusion ou foi profonde, le récit de cet exil réduit notre niche en hôtel de passage, nos paysages familiers en horizons étranges, la totalité du même en autre. Nous ne sommes pas d'ici-bas. La vraie vie se joue ailleurs. Version culturelle, maintenant : la mobilité récente de notre société, déterritorialisée, nous fait multiplier nos déménagements. J'ai habité Brest et Toulon, Clermont et Vincennes, Séoul et Tokyo, Melbourne et Brisbane, Baltimore et Stanford, Montréal et Buffalo, Djibouti et Bamako... qui peut dire mon adresse ? Version technicienne : je vous donne ma nouvelle adresse sans plus me référer à l'espace. Par téléphone cellulaire et courriel, je n'énonce que des nombres :

nous n'habitons plus des lieux. Mon adresse n'utilise plus, pour situer ma maison, des coordonnées métriques, mais flotte dans la topologie, sans distance, de mes déplacements possibles. Vous pouvez m'atteindre où que je voyage. Nous ne hantons plus l'espace qu'habitaient nos parents depuis leur origine africaine : cette « situation » change ce que les philosophes d'autrefois nommaient l'être-au-monde. Nouvelle version, celle-là politique, de cet exil si profond qu'il se reflète, on le voit, en multiples facettes : je me sens de moins en moins citoyen de France et de plus en plus citoyen du monde, certes, mais dans le temps intermédiaire, citoyen d'Europe. Mais je me sens d'Europe moins que je me sentais de France et français moins que gascon ; je veux répéter, par là, que le mérite de cette institution originairement et originalement pacifique consiste à ne pas exiger ma vie ni celle de mes petits-enfants pour en défendre les frontières. Elle cherche, au contraire, à les élargir, sans conquête, avec accueil, sans guerre ni deuil. Nos pères construisaient États et nations au moyen de conflits, dans le sang, nous bâtissons cette communauté avec irénisme : d'où son heureuse fragilité. Joyeuse version, ludique et même dérisoire, du même exil. Nous jouons, en Californie, avec un ami britannique, à supporter, comme on dit, lui l'équipe de football qui joue à Liverpool et moi celle des Girondins de Bordeaux, lui celle d'Angleterre et moi celle de France. Nous nous y échauffons un peu, nous y croyons à peine, nous en rions le plus souvent, cela nous permet de nous inviter à dîner au moment des victoires et de consoler l'autre s'il perd. Cela dit, les équipes, composées, la plupart du temps, d'étrangers à la ville, voire au pays, la succession rapide des tournois, la persuasion qu'il ne s'agit jamais que d'argent, voire de dopage, rendent vite dérisoire cette concurrence.

L'appartenance, nous la jouons. La voilà soudain tellement allégée qu'elle rapprocherait plutôt qu'elle ne les opposerait le juif anglais du catholique de Guyenne. Voici, enfin, sa vraie version métaphysique : où que je me trouve, même aux rives bénies de mon enfance, même à vingt mille lieues de ce lieu-là, j'expérimente, comme tout homme, que je ne suis ni d'ici, ni de là, ni d'ailleurs, sous n'importe quelle latitude. Ni de cette adresse où s'élève la maison que j'habite, de temps en temps, depuis presque quarante ans et où, peut-être, je mourrai. Au plus intime de moi-même, au plus profond de ma culture et de mon histoire commune, au plus universel de ce qui fait de moi un homme, génériquement parlant, ces trois sujets qui me forment vivent, là ou ici, comme étrangers à ce lieu, à ce bâti, à cet espace et même à ce temps. Je n'expérimente qu'une appartenance allégée. Ou plutôt : né en plaine, je suis de mer et de montagne ; né à la campagne, je ne serai jamais de la ville ; mais je suis, encore, de désert et de fleuve, du grand large et des sommets.

Je suis... depuis des lustres, j'hésite, encore, à utiliser ce verbe auxiliaire. Or ce terme, auxiliaire, dit le contraire même de ce qu'être se prétend. Non point l'expression d'un état, d'une stabilité, d'une pérennité, voire de l'unicité, mais, issu, lui aussi, de la famille du verbe augmenter, il mesure un renforcement éventuel, cet incrément, cette intensité variable que je sentis tantôt en relatant mon propre récit. Je suis, certes, d'ici, de là ou d'ailleurs : mais un peu, beaucoup, passionnément, à la folie, parfois, pas du tout, souvent ; et, en tout, moins ou plus, intensivement. Mon être-là devient un auxiliaire instable, une aide vitale, un accroissement de joie, un décrément de mélancolie. L'auxiliaire cousine avec l'auteur, de cette même famille, on l'a vu, de l'augmentation. Je reste, par mon récit, l'auteur de ma vie, mais tel ou tel entourage, telle ou telle appartenance m'aident à l'écrire et, ainsi, augmentent ou diminuent l'intense intérêt de ce récit. Je vis mieux ici qu'ailleurs, parfois, et mieux ailleurs qu'ici, souvent. Cela dépend.

Stable, coupante, à deux valeurs et fondée, comme elle, sur le tiers-exclu, la logique extensive souligne et aggrave celle de la niche animalière et de l'appartenance. Désormais, nous habitons moins les lieux que nous ne les hantons intensivement. De la logique des ensembles flous s'ensuivent nos fluctuations. À cette heure, je suis ici, avec vous, et, en esprit, en projet, en regret, en même temps, ailleurs, avec d'autres, que j'aime, aussi, et dont je rêve, peut-être. *Tertium datur.* Je ne suis pas, je passe, j'erre. Il arrive que je jette l'ancre. Nous voilà, une nouvelle fois, embarqués.

Noise et multiplicités

Diogène et moi, disais-je, chercherions un groupe, aujourd'hui, non lourd de haines, de menaces et de meurtres, mais plutôt pacifique et léger. Pour le quérir, et d'abord le reconnaître, éteignons la lanterne, inutile de jour et sourde la nuit, ouvrons moins les yeux que les oreilles. Vous désirez toujours voir, que ne cherchez-vous à ouïr ? Quel altiste ne sait pas que l'exécution musicale rapproche les membres de son quatuor, alors que les mots et les phrases souvent les séparent ? Assourdi par les cris d'agonie, hurlés aux conflits de mon enfance, écœuré par les hymnes de haine et les récits partiaux de l'histoire, j'aime, de la joie pacifiée, le silence. Presque tous les groupes font du bruit.

Je marche vers la cour de récréation, la place publique, la foire, la gare, le stade, l'amphithéâtre bondé devant lequel je dois prendre la parole… lieux nombreux d'où m'assaille un bruit de fond en nappes de brouillard. Le groupe se reconnaît ou, du moins, s'annonce, de loin, par ce tohu-bohu, bruit blanc d'autant plus intense et d'autant mieux envahissant que croît le nombre des participants. Entendez là l'équivalent collectif du chaos subjectif de mon âme, brûlante de vie et de sang, d'émotions, d'aise ou de ressentiment, mais aussi du brouhaha objectif de l'océan calme, de l'avalanche ou de l'ouragan, des tonnerres telluriques du séisme. Les signaux qui émanent de la collectivité disent l'importance de l'assemblée, son nombre, sa joie par acclamations, sa colère indignée, l'intensité de sa violence, sa noise, bruit et fureur. Ainsi puis-je deviner, à l'oreille, que la récréation a commencé, qu'une rixe s'envenime, qu'une équipe a marqué un essai, que le départ d'un train a vidé les quais, que l'arrivée d'un autre les remplit, que les aoûtiens ont déserté Paris. Du petit rassemblement à un autre, plus nombreux, j'entends croître ce tohu-bohu. Que signifie la clameur de la ville, cet horizon sonore, constant comme le murmure de la mer, sinon la présence collective, l'annonce du *nous* ?

Quels signaux émergent de ce buisson-là ? Nulle crête ne se détache, à cette échelle, du nuage cotonneux. Auditeur attentif, j'aimerais prendre une distance encore plus grande, pour tenter d'entendre un bruit de fond dont les émetteurs se multiplieraient de manière explosive et dont les foules et les villes se réduiraient à de simples éléments. Je rêverais ainsi d'ouïr les bruits authentiques de collectifs larges, les rumeurs remplissant un espace grand comme l'Europe ou la France ; les myriades innombrables d'événements vrombissants dont les directions et les intensités se rencontrent et se bousculent à travers un continent et dont les sons étonnent, scandalisent des millions de personnes ou les laissent froides, haines et amours, avènements sourds et tacites, manifestations, accès ensanglantés au pouvoir, guerres, conflits... entrecoupés de rares instants tacites de paix. Pouvons-nous mesurer, pour la connaître, la distance adéquate d'où entendre ce tohu-bohu géant, inaudible de loin, mais inaudible aussi de près, d'où l'on ne perçoit que le vrombissement de petites assemblées ? Qui pourrait, qui saurait percevoir ce bruit et découvrir la distance où parvient encore ce brouhaha formidable émané de l'immense espace où se meuvent, s'entrechoquent, se transforment les multiplicités réelles de l'histoire ? Cosmonautes, entendez-vous la noise de la planète bleue ?

Premier objet de l'historien : ces multiplicités variables, browniennes, quantiques, fluctuantes, aperceptibles, dont nous n'évaluons ni le ton ni les lieux précis d'émission ou de réception, désordre réel, mais presque théorique, mal défini, non entouré d'une limite, d'une ligne mélodique, à peine dicible. Qu'en dire ? Que nul n'en a encore saisi la cacophonie ou la symphonie. Faut-il le juger inaccessible à la compréhension ? Et pourtant, nous comprenons sans effort qu'il ne peut y avoir d'histoire loyale d'une collectivité, exprimant au plus près sa nature et sa réalité, sans l'ouïe raffinée de la totalité du bruit qu'elle produit, sans une écoute intelligente de ce tohu-bohu, sans une sensibilité exquise aux hurlements désordonnés de sa violence, à la brûlure de ce feu nombreux, à ces déflagrations, aux jaillissements de ce désordre, à l'éventail explosif de ces sens avant tout sens, à ces forêts touffues de messages en tous sens. Par ces multiplicités innombrables, l'histoire, entendue à la fois comme développement de collectivités humaines et comme discipline, rencontre les grands nombres, le hasard, le domaine stochastique. En tenons-nous vraiment compte ? Nous racontons, en faisant semblant de découvrir des lois dans un ensemble si proprement chaotique qu'il obéit au moins, nous aurons à le dire, aux lois qui dominent le chaos physique.

De même que, souvent, sans entrer loyalement dans le chaos brûlant de notre vie propre, ni écouter le tohu-bohu de notre âme, nous empruntons le récit d'un autre personnage public que nous admirons et mimons, de même l'histoire se récite souvent selon la forme d'un emprunt du même genre, dont la distance immense aux multiplicités temporelles et humaines de fait se mesure difficilement. Sauf rares exceptions, la discipline a moins évolué que la littérature vers la reconnaissance loyale de ces multiplicités. J'ai tenté de le faire dans *Rome*.

Nous faisons tellement de bruit que rien n'arrive autrement que comme un voleur dans la nuit. Quelles décisions prendre face à ce crépitement de brasier ? Ou la résignation que, de ce bruit, seules les bouches d'une foule de fous pourraient en reproduire la rumeur. Le *nous* se perdrait dans la clameur de l'insensé. Ou y reconnaître le pourrissement dont j'ai senti la puanteur, dès mon adolescence, passé quelques décennies de violence innommable, comme lors de ce cauchemar où apparaissaient...

... un horrible mélange
D'os et de chairs meurtris et traînés dans la fange
Des lambeaux pleins de sang et des membres affreux
Que des chiens dévorants se disputaient entre eux.

Rêvant d'événements assez semblables à ceux par où j'ai commencé mes pages, Athalie essaie de nous faire ouïr le tohu-bohu d'abois rugissant de violence, émanés, non point d'une meute aux crocs dégoûtants de sang, mais de la foule, proprement humaine, dont la fureur découpe en morceaux la ou les victimes qu'elle rencontre. De la scène ignoble et de son brouhaha déchiqueté se lève le rêve ; du songe de la reine, Racine tire la musique de sa poésie ; ces clameurs lui dictent le récit ; de cet atroce fondement chaotique et sonore advient la tragédie, ce tragique mortel, au fondement de notre histoire, celle dont je souhaite que le siècle mort ait accompli la mort. Le chœur des tragédies grecques de l'Antiquité exprimait-il, déjà, la prime musique sortie de ce bruit ? De ce tohu-bohu premier, de ces tonalités étagées, de ces strates empilées, si semblables à celles que nous rencontrâmes dans la formation de l'âme, quel dieu, quels sages, quelle humanité enfin tirera une autre histoire ?

À mon tour, je songe que, de ces multiplicités innombrables et bruyantes, se lèvent les rêves, les musiques, les représentations, les cultures du monde. Nous ne connaissons aucun collectif sans culture, aucune culture sans danse, musique ni représentation, sans mythe ni épopée, bref sans récit.

Quels nuages de bruits singuliers recouvrent et intègrent les magnifiques musiques malienne, chinoise, andine, italienne... singulières, certes, mais assez universelles pour que nous puissions tous les entendre ? L'universalité, relative mais réelle, de la musique se tire-t-elle de celle, absolue, du chaos, de l'absence de sens de ce que l'on nomme bruit blanc ? Je le crois. Chaque culture, chaque musique, chaque récit, tous singuliers, tous à la source des jouissances de l'appartenance, puisent de l'universalité dans ce tohu-bohu, dans ce halètement précédant le sens. Plus tard, le récit, sensé, l'oubliera. Lesdites différences culturelles lancent leur racines dans l'universel insensé du bruit.

Pourrais-je, alors, français, calculer une sorte de somme de Fourier dont les éléments produiraient Josquin des Prés, Couperin, les vieilles rengaines villageoises, Rameau, Berlioz, Ravel, Poulenc… horreur, *La Marseillaise*… ? Si cette somme existait, intégrerait-elle les voix et bruits de France sur autant de siècles ? Je le crois. Il me semble parfois ouïr la tonalité unique de cette musique, sa communauté. Il me semble aussi que l'exercice assidu d'écriture journalière, dans ma langue, exige d'écouter, comme de très loin, le *tonus* harmonique de cet ensemble géant. J'entends la base atonale de ma langue, avant de la partager en pages, paragraphes et phrases chantantes, déclinées en mille styles. Cette base émane-t-elle de notre tohu-bohu ? Et si j'ai assez d'oreille et si je manifeste assez d'écoute, puis-je percevoir, derrière notre brouhaha, celui, universel, de l'humanité ? Je le crois. Il faut cette ligne limpide, au moins, pour couper court à nos fureurs, apaiser nos chamailles, envelopper nos colères et contenir nos ronchonnements. La clarté discrète de cette mélodie intégrale prépare-t-elle une autre somme de Fourier, dont les éléments harmoniques chuchoteraient comme Villon, La Fontaine, Fontenelle et Céline… ? Il me semble aussi entendre quelquefois cette tonalité seconde.

Je cherche à penser cette somme, ce son, une sorte d'harmonie globale qui donnerait un peu de cohérence à ce tohu-bohu. Le *nous* ferait le lien de la cordée, la corde vibrante qui coupe court entre la multiplicité des hommes individuels ; mon écoute intégrerait leur bruit ; le son ferait le lien entre leurs voix et leurs supplications ; l'histoire fait le lien entre leurs autobiographies. Je cherche à penser cette liaison, cette corde, tangente ou sécante, cette limite enveloppante.

Pourrions-nous alors mesurer l'écart entre les récits de l'histoire et cet étrange objet, brut d'écoute, et aussi ces enveloppes tangentielles, ces cloisons successives qui cherchent à en définir, à en entourer, à en maîtriser le désordre ? Car les récits historiques, eux aussi, participent à la même quête : ils cherchent à intégrer ce bruit, à en faire la somme, à lui donner sens. L'histoire de France, par exemple, donne une signification à nos bruits et à nos fureurs nationales comme raconter ma vie cherchait à donner sens aux fureurs et aux bruits de mon corps, de ma vie, de mon temps. Quelle distance évaluer entre ce sens et l'insensé d'où il émerge ?

Court-circuit

Cherchons à la mesurer. Pour cela, je visite un pays, en bord de mer, tout en consultant sa carte. Le chemin de fer et l'autoroute y réunissent telle métropole importante à telle autre, non loin de la côte ; la route nationale y relie deux villes et le chemin vicinal deux villages ; je puis aussi marcher à pied le long du sentier des douaniers. Chaque liaison coupe à travers le détail fractal du rivage, dont la longueur réelle, colossale, demanderait un temps interminable pour la reconnaître dans sa réalité menue. Ainsi démontre-t-on l'infinité, en longueur, des rivages de Bretagne, dès lors que l'on entre dans la diversité de ses rocs, cristaux, molécules, atomes, vers le mouvement brownien des particules mêmes. La vibration du bruit défie l'infini. Nous passons la rive sans la voir, en suivant la continuité du rail, de l'asphalte, de la terre battue, de la plage… en sautant les discontinuités sans ordre du réel tel quel. Nous refusons de nous égarer dans un labyrinthe sans cesse renaissant à mesure qu'il s'approche du détail infime. Nous substituons des continuités à ce désordre infiniment feuillu. Nous coupons court.

Face au bruit de fond émané de mon âme, je me plains ou chante. Qui suis-je ? D'abord ce chaos discontinu qui bruisse, originaire, original. Qui suis-je, à nouveau ? La complainte languissante, nouvellement née, qui remplace le tohu-bohu. Qui suis-je, enfin ? Le récit qui prend, à son tour, la place de ce chant de joie ou de lamentation. La plainte coupe court au brouhaha de base ; fidèle ou menteur, le conte coupe encore court à ces musiques insensés. Il met du sens en continu là où régnaient, discontinus, bruit, fureur, hurlements, épanouis en mélodies. Avant la mauvaise foi se lèvent cette voix, cette voie en raccourci. En nos histoires comme en nos âmes, nous coupons toujours court, nous relions Nantes à Brest, Brest à la pointe Saint-Mathieu et de là au Conquet par la pointe des Renards. Nous évitons le bord et prenons la trace. La limite, la sécante, la tangente. Nous éliminons, nous trions, nous filtrons. Notre temps ne coule pas, ne s'écoule pas en masse ; il filtre ou percole. En dessous de certains seuils, il ne s'écoule plus. Mon âme et notre histoire naissent en passant des seuils de percolation.

Nous trions. Qui écrirait l'histoire vraie de la seule journée d'hier ? Passant à la limite sur la journée que Joyce raconte, dans *Ulysse*, Borges décrit la folie enchevêtrée, l'encombrement mnémonique où se trouve celui qui, le lendemain, cherche à se remémorer la totalité de ce qui se passa, en lui et pour lui, la veille ; sa vie entière n'y suffit plus. Le voilà piégé dans la multiplicité, dans l'infini du bruit. D'où vient le devoir vital d'oubli. Oui, je donnerais ma vie pour la mémoire fidèle du jour où je t'ai rencontrée : suffirait-elle à tout raconter ? Le récit de ma vie coupe court. Il oublie, pour que je vive. Face à des matériaux infiniment plus nombreux, l'histoire coupe court, elle oublie plus encore. Elle filtre tel ou tel événement. Elle nomme même événement ce qui passe aux mailles du filtre choisi. Elle percole donc, autant que le temps. Elle installe des seuils de percolation. Elle triche et ment, comme mon âme. Choisit, puis trace chemin de fer, autoroute, chemin vicinal, sentier douanier, mais jamais n'arrive à poursuivre le profil fractal de la côte. Elle y passerait l'infinité des jours. Quel historien a jamais tenté de narrer la durée d'un groupe comme Joyce relata en le répétant avec exactitude l'endormissement fractal de son héroïne ? Cet érudit ressemblerait à un géographe qui tenterait d'établir une carte à l'échelle 1/1, fidèle point par point au paysage. Le devoir de mémoire étouffe la vie.

Nous reculons devant le discontinu, l'infinité, le bruit. Nous lions en coupant court. Le chant, la voix, le récit de mon âme écourtent son chaos ; écrite ou racontée, l'histoire des historiens abrège l'histoire réelle qui, en passant, émet un formidable bruit de fond. De fossile en fossile, séparés souvent de centaines de milliers d'années, le Grand Récit saute à pas de géant : la paléoanthropologie coupe court. Qui suis-je, qui sommes-nous, qu'est-ce que l'homme ? Des récits continus écourtés. Des courts-circuits. Des abrégés. Mon âme, l'histoire, *Homo sapiens* et ce livre : des cartes successives en raccourci. Je ne vous déclame jamais, en musique ou en langue, qu'un court-circuit, fini et continu, percolant sur le bruit, discontinu et infini. Je n'en aurai jamais fini de tout vous dire, je tenterai encore de l'écrire à l'article de mon agonie. Me voilà, nous voilà bien forcés d'en rester au récit. Au bréviaire.

Comment estimer notre et ma fidélité au réel, sourd et muet, mais bruissant sous les mots ? Historiens ou mémorialistes, dites-vous vrai ou faux ? Cette question a-t-elle même un sens, puisque nous devrions comparer, pour lui répondre, un segment fini, continu et court, avec le chaos géant d'une mer infinie et stochastique. Il n'existe aucun critère pour penser un tel rapport.

Loin que l'histoire explique la littérature comme en ce que l'on appelle histoire littéraire, la littérature, tout au contraire, devrait expliquer l'histoire, en dévoilant peu à peu les multiplicités follement chaotiques précédant l'émergence d'une conscience collective, précédant celle des langues locales, précédant celle des musiques. De même que les littératures évoluent lentement vers la saisie de ce chaos, bordant au plus près voisinage la conscience de soi, l'histoire pourrait-elle peu à peu dériver vers la saisie de pareilles multiplicités ? Par loyauté ou souci de vérité, l'historien ne devrait-il pas écouter – mais de quelle oreille ? – l'énorme bruit de fond qu'émettent les collectifs dont il tente d'esquisser la ligne destinale ? De la ville, du port, de la route, des groupes... émane du bruit. Le nombre ne fait jamais silence.

Quelle musique, quelles voix jaillissent de ce brouhaha ? Qui l'écouta ? Écoute, Israël. Eppheta, ouvre-toi. Les religions les entendent ou les couvrent depuis longtemps, qui font ouïr, au-dessus des villages et des moissonneurs soudain recueillis, muezzin et cloches, angelus et glas. Réunis pour la Pentecôte, les apôtres entendirent un vent impétueux et reçurent des langues de feu, avant de parler ou de chanter en langues : ne dirait-on pas que les Actes suivent, pour un collectif et quasi à la lettre, le schéma, deux fois dessiné au sein de ma conscience ou de notre collectif, de la formation du langage à partir de la chaleur et du bruit ?

Les temps contemporains récemment substituèrent à ces carillons, sirènes et orchestres, jadis rares, le tonnerre des moteurs et la musique permanente dans les gares et les aéroports, les magasins et les rues, dans toutes les maisons pendant qu'aux oreilles des passants pendent des baladeurs comme clochettes au cou des vaches dans les prés : *Homo clarinans*. Ce bruit voleur des âmes, comme j'ai dit, plante un collectif déjà formaté au centre de l'individu en expulsant l'intimité, place donc un *nous* déjà né à la place du *je* et d'un *nous* que nous formerions librement. Nous ne saurons plus raconter nos vies, selon nos propres complaintes, mais seulement celles de nos modèles, enchaînés, asservis, entraînés par des chansons formatant l'âme de tous, poussés par des exemples imposés par les dominants les plus incultes de l'histoire. L'opinion chasse la pensée ; le format gèle la liberté ; la mode expulse l'invention. Comme la musique descend plus profondément dans les âmes que les propagandes dans les esprits, nous formatons l'intime des individus de l'intérieur : comment protégeront-ils leur quant-à-soi, comment inventeront-ils du nouveau, comment sortirons-nous de la convention ? Émergence d'un *nous* orthopédique, artificiel, imposé, au triple sens de l'impôt, de l'imposteur et de l'obligation. Plus efficace que dix polices, cette atroce servitude nous poursuit de commerces en restaurants pour refouler nos bruits éventuels de révolte. J'aime la musique, je hais cette musique.

Les neuf Muses construisent les parois de la boîte noire

Nous vivons sous l'emprise des Muses. Elles donnaient, disait-on jadis, la douceur aux rois en leur dictant les paroles et les sons qui adoucissaient les querelles et rétablissaient la paix.

Les traditions de Thrace les mettaient en rapport avec les dionysies et l'orphisme, cultes infernaux et sombres. La guerre abominable des dieux contre les Titans suscita leurs premiers chants. Il suffit, prétend Hésiode, qu'un chanteur, leur serviteur, célèbre les exploits d'un homme du passé pour qu'un auditeur accablé de chagrins et de soucis les oublie. Guidées par Apollon musagète, ce joueur de lyre qui égorgea Marsyas et l'empala pour l'écorcher, elles recouvrent la noise, le bruit et la fureur. Comment ? Par la danse et la musique, les représentations tragiques ou comiques, l'astronomie, l'harmonie des sphères, toutes préalables à la poésie épique et à l'histoire, toutes enfin filles de Mémoire.

Depuis le début de ce livre, je ne dis pas autre chose, mais en d'autres termes, abstraits, parfois concrets, maladroits et malaisés en comparaison de ces images et statues étincelantes d'intuition, dont je saisis tout à coup la profondeur et la portée. Le cortège symbolique des neuf sœurs antiques dont notre sottise fit de froides allégories, peintes ou sculptées aux frontons des académies, décrit, en fait et avec une rigueur souveraine, les nappes successives nécessaires pour dominer le bruit de fond incompréhensible et les abois de fureur qui sortent de la boîte noire des collectivités, sans doute aussi pour dompter l'assourdissant fracas qui émane de la boîte noire du *moi* ; nécessaires pour m'entendre, moi, et pour nous entendre entre nous.

Je décris deux boîtes noires : *moi* et *nous*. Qui suis-je ? Une boîte, dont la forme, si elle existe, reste stable, quoique vide, et d'où ne sort qu'un bruit de fond, noir. Qui sommes-nous ? Une autre boîte à formes instables, d'où sort, encore, un bruit de fond que son nombre empêche de comprendre, noir. Ces deux nuages torrentiels font peur. En moi, il m'angoisse et, alentour, nous terrifie. Comme le second, des millions de fois plus bruyant, n'a aucun pourtour, nous ne pouvons pas aussitôt le mettre en une boîte. Il faut d'abord préciser ses bords. Le limiter, que rien n'en déborde, et, du coup, définir une boîte. Qu'importe son contenu, de toute façon incompréhensible et risqué, l'essentiel restant d'en tracer les contours, les marges, la tranche. D'où vient ce bruit ? De notre équipe, de notre armée, de nos techniques, de notre cité. Notre musique, nos hymnes sanglants, nos chants, nos tragédies, la mémoire de notre passé, bref, notre histoire... tentent de l'assourdir, de l'oublier, de l'apaiser. Voilà, je retrouve mon livre.

Où je reprends, maintenant, la liste des Muses, dont on raconte qu'ici ou ailleurs, nommées Piérides ou Charites, elles se virent trois ou six ou sept, avant de se compter neuf. Du fracas géant de la bataille des Titans, elles construisent la boîte, dessinent sa limite, l'enferment dans des barrières successives ; il en faut beaucoup, pour tenir sous la pression, dionysiaque, orphique, létale, du bruit et de la fureur ; il faudra la renforcer, au moyen de trois, six, sept ou même neuf cloisons. À quoi croyez-vous que sert la danse, dont Louis XIV lui-même se prétendait le chef de ballet, parmi les querelles des courtisans, à Versailles, et le brouhaha lointain du peuple mécontent ? À quoi servent le mime de René Girard et la pantomime de toutes époques, la pression des pairs, face à la violence déchaînée ? À quoi servent la chorale, l'unisson et la polyphonie ? À expulser ceux qui chantent faux, à régler ensemble les épines tonales et les différences entre les tessitures ? Et la poésie épique, la tragédie, l'histoire ? Elles servent toutes, comme les autres, à construire des barrières et à couper court.

Voyez-les, ces neuf femmes, au travail continu, épuisant, obligé, obturer sans cesse les voies d'eau de cette boîte, de ce tonneau des Danaïdes aux douves crevées, fermer les fuites de la coque, de cette caverne personnelle ou collective d'où sort la folie des clameurs angoissées. Dites à quoi sert la culture, imprudents qui croyez, dur comme fer, qu'elle ne sert à rien. Elle nous sauve la peau et d'abord les oreilles. Elle tente de boucher ce puits d'épouvante et de nous guider hors de ses abords. Nous ne survivrions point sans la multiplicité de ses sons et de ses récits. Au moins, nous ne nous entendrions pas ; au plus nous nous entre-tuerions. Voilà l'authentique infrastructure de nos sociétés.

Devant la boîte aux risques majeurs, les neuf Muses et nous travaillons, acharnés, à construire des digues, à renforcer des parois, à consolider les cloisons de protection, parfois même en allant, loyaux et courageux, au plus près du bruit de fond. Polymnie se livre à la pantomime, Terpsichore danse, Érato dirige le chant choral, Euterpe joue de la flûte, Uranie contemple et calcule l'harmonie paysagère des cieux, Melpomène pleure à la tragédie, mieux vaut en rire, dit Thalie, la comédie, non, mieux vaut encore la poésie épique de Calliope, nous préférons enfin l'histoire, Clio. Écrits ou oraux, ces récits, produits par les dernières citées de ces Muses, émanent de la musique, émise par les premières ; mais cette musique, qui, de plus, les nomme toutes, émane du tonnerre de la guerre et de l'incompréhension des bruits. Je ne dis pas autre chose ; mon livre déchiffre le mythe des Muses qui, en retour, l'illumine. Pour avoir compris l'urgence de leur œuvre et l'intelligence de leur généalogie, je ne me moquerai plus de ces femmes drapées, aux attitudes grandiloquentes et glacées qui enlaidissent de sottise les glorioles publiques. Désormais, je les admire ; j'eusse dû donner à mon livre le titre : *Hymne à la musique.*

Musique partout, musique toujours, le travail des Muses bat son plein dans notre société du spectacle. Loin de tenir l'infrastructure jadis, l'économie la tient aujourd'hui pour avoir acheté la culture.

Pythie et Passion

Autre image antique aussi éblouissante d'évidence : assise sur une crevasse du sol d'où émanaient tourbillons et vapeurs, la Pythie de Delphes divaguait. Elle exprimait en oracles ces bouillonnements, passant de ces bruits aux borborygmes. Les prêtres traduisaient en vers son délire incohérent. La conduite des peuples dépendait, dit-on, de décisions inspirées là. Croyez-vous que nous ayons changé cela ? Les médias s'emparent des neuf Muses, de la Pythie de Delphes et de ses interprêtes.

Quelle fonction le politique remplit-il, assis sur le trône de quelque pouvoir ? Son siège bouche un trou dans la boîte noire. Que ce potentat se lève et cette action ouvre ce regard par où passent le bruit et la fureur du groupe qui, par ses acclamations, le porta sur ce puits d'où l'on entend mugir ces bruits de bouillonnements. Le fondement du pouvoir bouche ce trou, le mure, le clôture, l'obture, le colmate, calfate, oblitère, muselle, bâillonne. Inséparables jumeaux, le politique et ses traducteurs médiatiques savent moins le groupe qu'ils n'empêchent que quiconque le connaisse. Comme les Muses faisaient, ils le dansent, le chantent, l'évoquent, le représentent, le dramatisent... en sons, images et phrases, tragédies et comédies. Ils ne font que refouler la fureur de la foule. Nous jetons nos suffrages et ouvrons des parlements pour couvrir de récits ce charivari. Notre besoin de pouvoir se mesure à la peur que nous fait notre bruit.

Autres images et sons, plus modernes et plus vrais encore. Je prends aussi au sérieux le séisme qui suivit la mort de Jésus-Christ que la descente aux enfers qui précédae sa Résurrection. Pacifique, le récit des Évangiles entre dans la Passion, violente et dure, y traverse tribunaux et accusateurs puis plonge dans les fureurs de la masse et le bruit de fond du monde. Passé la douceur des huit Béatitudes, la tourbe se rue, la victime crie d'agonie, enfin la terre elle-même tremble. Elle s'ouvre et laisse le passage vers le royaume sombre. Récit, tragédie, clameurs. Par rapport à la série canonique des parois de la boîte dont l'ordre nous devient familier, manque la musique. Plusieurs compositeurs ne manquèrent pas d'écrire des *Passions* et, à la fin des *Sept Dernières Paroles du Christ*, Haydn traduit en sons un peu bien dysharmoniques le séisme. Rameau, Vivaldi... tant d'autres encore tentèrent de faire ouïr tempêtes et batailles qu'en images Fellini traduisit dans l'inoubliable *Prova d'orchestra*, où se suivent, comme dans ce livre, le son et le bruit, le groupe, sa cohésion et sa décomposition furieuse, la symphonie et la destruction des parois ou cloisons de la boîte où joue l'orchestre : le sujet *nous*, sa vie et sa mort.

Dans les Évangiles meurt l'Antiquité, dont nous venons d'admirer quelques images. Sur la Croix expire la victime d'une erreur judiciaire, comme il y en a tant. Mais elle meurt une dernière fois pour assurer le groupe de sa cohésion. D'où émane le bruit ? D'une crise. Une collectivité s'éparpille en clans opposés, le sujet *nous* se morcelle. Pour le reconstituer, l'opération la plus simple, mais la plus cruelle, consiste à tuer une victime, ensemble. Par ce sacrifice, le groupe, le sujet *nous* existe à nouveau. Passé la Passion, cette opération perd son efficace. Elle ne marchera plus. Il n'y aura plus, en principe, de *nous* formé de cette meurtrière manière. Tous ces *nous*-là se trouvent rejetés dans l'Antiquité. Mieux : l'Antiquité se définira comme l'ère sacrificielle constituée, ainsi, de ces *nous*-là. Nous n'en prenons peut-être conscience qu'aujourd'hui. Il aura fallu deux mille ans pour digérer ce message. Nous avons recommencé, indéfiniment, la même opération immonde, mais inutilement. Ces sacrifices ne marchent plus et ne marcheront jamais plus. Nous rejetons ce haillon sanglant, devenu inopérant. De ce sang impur, nous n'abreuverons plus nos sillons. Ce *nous*-là meurt, au Golgotha, et ne gît même plus, momifié, dans une tombe. De ce cénotaphe, de ce tombeau vide, oui, de ce lieu sans mémoire, ressuscite le Fils de l'Homme : soit un individu et l'universel humain, les deux sujets que cherchait Diogène, lui-même nommé Fils de Dieu, et qu'il ne trouvait pas, parce que son Antiquité ne connaissait, justement, que des *nous*. Ce *nous*-là vient de mourir. Ce sujet vient d'expirer. Ce bruit-là s'entend pour la dernière fois. La terre en frissonne.

La mort de Jésus-Christ marque le moment précis où se renverse la situation antique et où apparaît la nôtre, celle que ces pages décrivent. Qu'est-ce que l'Antiquité ? L'ère où il n'y avait que des *nous*, sans aucun *ego*, sans homme universel. Sur les trois sujets, un seul existait. Le *nous* mort suscite les deux sujets modernes : un *je* et un genre, l'individu et l'universel. Sur les trois sujets, il en reste deux. Les temps contemporains répètent cette date-là.

Bifurcations de hasard et nécessités en retour

Souvenez-vous : en coupant court, l'autobiographie visait à brosser un portrait, profil ou silhouette paraissant sur le fond de ce bruit ; de même, l'histoire découpe un extrait dans l'innombrable taillis du passé. Comment ?

Depuis le matin je marche, en moyenne montagne, le long d'un sentier dont les virages suivent parfois les courbes de niveau. Quand je me retournais, ce matin, je voyais un bois d'épicéas et, dans le creux du vallon, le village que je venais de quitter, sous le clocher de son église modeste. À gravir, pendant quelques heures, une pente constante et à me retourner de nouveau, je contemple, derrière moi, un large paysage de montagnes, où se déploie la chaîne des Écrins, avec, devant, le glacier du Pelvoux ; au premier plan, dans une prairie plus basse, entouré de ses chiens de berger, un troupeau de moutons chôme sous le soleil de midi. Le hameau et la forêt ont disparu. Ce que je perçois des endroits où je viens de passer dépend de la direction que suit, maintenant, le chemin. Il suffit d'un virage pour transformer le paysage précédent. Là, le bois et le village ; ici, troupeau et glacier.

Familier dans l'espace et pour nos mouvements, ce changement de perspective se reproduit avec le temps, pour lequel nous admettons moins que le passé dépende aussi de nos bifurcations. À lire avec étonnement et parfois jusqu'au scandale ce que mes enfants apprennent d'elle dans les livres d'histoire, je ne comprends plus ma jeunesse ; la leur n'a déjà pas la même Deuxième Guerre mondiale que moi ; elle a bifurqué cent fois avec la pilule et la Toile. Grâce à l'apparition de nos communications à longue distance, nous nous souvenons des feux allumés par les Carthaginois, de Pantelleria, en Sicile, pour tenir Hannibal au courant des nouvelles et pour en recevoir de ses batailles contre les Romains. Nous rions ou nous nous scandalisons des morales ancestrales parce que nous ne souffrons plus les douleurs quotidiennes subies par nos pères dont la patience avait forgé des règles pour s'exercer à les supporter. L'invention de la génétique a permis de rouvrir les articles de Mendel que les physiologistes n'avaient pas lus pendant plus de soixante ans ; le moine aux petits pois n'appartenait pas au passé de la biologie à l'époque où triomphait Claude Bernard ; il entra dans le nôtre avec le codage génétique. Sans le christianisme, pourrions-nous lire, dans l'Ancien Testament, les figures du Nouveau que Pascal y décèle ? Lorsque j'écrivais mon livre sur *Rome,* combien de fois ai-je éclaté de rire à lire, sur la même ville antique, des auteurs écossais ou sudistes que je surprenais à décrire le Texas contemporain ou l'Écosse victorienne plutôt que le Latium ancien ou, dans d'autres cas et peut-être le mien, la campagne française plutôt que les rives du Tibre ? Nous n'avons plus la même Antiquité, la même Bible, la même Révolution française, les mêmes souvenirs de sciences qu'aucun de nos prédécesseurs. Bref, le passé se renouvelle à chacune de nos nouveautés ; en le relisant de façon rétrograde, notre présent le réaligne à loisir.

Pourtant, si, à dévisser, je me cassais la jambe et que l'hélicoptère des secours m'enlevait à la verticale de ma position, je verrais à coup sûr, derrière moi, la barre des Écrins, plusieurs bois, de sapins ou de mélèzes, les vallées adjacentes et leurs quatre ou cinq villages, leurs mairies, hôtels, chapelles… Chaque détour de la trace sélectionnait, dans ce massif, des alignements et des vues cavalières dont j'aurais, d'en haut, une vision d'ensemble, ou plutôt de sous-ensemble, car si l'appareil me hissait plus haut encore, je découvrirais à quel point cette première vision découpait encore un paysage dans un ensemble plus large. L'image globale de la Terre que nos cosmonautes firent voir pourrait donner une limite de cette ascension : de si haut, le paysage confine-t-il à la carte ?

L'image du sentier suggère un réalignement. Le fait de raconter le suggère plus encore, la ligne du récit courant d'un prélude à la fin, comme un fleuve va des sources au delta ; son cours a un lit et des tributaires comme le récit son entraînement principal et ses bifurcations. Or l'histoire présente un destin qui paraît irrésistible lorsqu'on le relit d'aval en amont. Chaque fois que l'écoulement destinal y branle et en bifurque, il réordonne son passé ; il en filtre les éléments propres à conditionner la suite, de quelque nature qu'elle se présente. Telle révolution, tel conflit cherchent en amont leurs causes et ne peuvent que les trouver, parmi l'amoncellement chaotique des choses passées ; ainsi, quelque direction nouvelle que prenne le cours en question, il découvrira toujours, avant elle, des solutions aux questions causales qu'elle pose. Car, innombrable et indéfini comme le paysage de tantôt vu d'assez haut, le passé contient tout ce qui peut devenir, à loisir, l'ensemble des causes ou des conditions de n'importe quelle issue à venir. Semblable à un problème à une infinité de solutions, l'histoire ne se trompe jamais. L'historien encore moins. Nous ne pouvons jamais falsifier la première, ni convaincre le second d'erreur. Hors la science, puisque non falsifiable, l'histoire reste passionnante pour la *libido* d'appartenance qui a horreur de l'erreur. Or nul ne peut la falsifier parce que sa référence ultime contient l'infinité continue du bruit. Ainsi son récit passé apparaît-il comme un ensemble, quasi nécessaire, de chaînes causales, bien que chaque bifurcation, devant, s'y joue librement, comme au hasard.

Qu'il s'agisse d'autobiographie, d'histoire ou même du Grand Récit, comment définir ce récit même ? Par le fait qu'il contient, pour le meilleur et le pire, ces causes et ces choix, le hasard et la nécessité. Pour parler de l'humanisme, j'ai choisi ce genre parce qu'il bénéficie de cette synthèse.

Pourrions-nous collecter la totalité du passé sans cette obligation d'en extraire une ou des séquences ? Obtenir la photographie du massif et des vallées, à la limite celle du globe, plutôt que d'y cheminer pas à pas, par routes et sentiers ? Pour que quelqu'un pénètre ou comprenne ce passé-là, une collection, une recollection globale, devrait prendre encore la forme d'un ordre, linéaire, sériel, plan ou imagé, en volume et en relief, multiple même, qu'importe. Or, parmi l'ensemble dense et désordonné des données, cette ordonnance, forcément, élimine. La totalité avant filtrage ressemble donc bien au désordre brut, à un chaos plein de bruit et de fureur. Autrement dit, l'observateur présent et son souci d'observer introduisent un ordre et un filtre tels qu'il perd le bruit infini. Orphée, de nouveau, ne peut se retourner sur Eurydice sans qu'elle s'évanouisse.

Je le répète, les problèmes de la connaissance du collectif – qui sommes-nous ? – retrouvent des éléments déjà rencontrés dans la connaissance interne du *moi* – qui suis-je ? –, où un autre chaos, et peut-être le même, émettait du bruit de fond. Je puis, en effet, toujours trouver en moi une intention secrète, inavouée, inconsciente ou de mauvaise foi, dont la nature et l'intensité pourront, à loisir, causer, expliquer ou justifier telle action nouvelle, étonnante pour mes proches et qui, parfois, me stupéfie moi-même. Lorsque je bifurque, je me retourne et reconstitue un nouveau passé, parmi un inextricable massif. Hasard et nécessité se nouent dans le présent.

Le passé propose un ensemble ouvert et indéfini de candidats possibles à la causalité. Le mot candidat exprime un choix possible, mais sa racine désigne aussi la blancheur candide. Exemple : il semble qu'un groupe populaire de Paris ait pris la Bastille le 14 juillet 1789. À supposer que le roi Louis XVI, pour telle ou telle raison, ait continué de régner jusqu'à sa belle mort, une certaine révolte ayant expiré avant lui, le démantèlement du bâtiment carcéral fût devenu un simple détail, négligé par l'historien, dans le réaménagement d'une place. Une fois accompli, cet événement offre au regard des successeurs une sorte de prise blanche, adaptable à n'importe quelle suite, comme un domino ajustable à n'importe quel nombre ou des ferrailles en attente dans un bâtiment inachevé. Ce qui se passa jadis et naguère forme un ensemble de tels branchements libres. Selon sa direction, la suite en colore un, à son choix et à sa guise, selon sa propre couleur, en fait le détermine, lui donne un statut de réalité. On dit souvent le futur ouvert, virtuel, saturé de possibles. On peut dire cela du passé. Parmi l'immensité de son chaos désordonné, l'avenir choisit et, en retour, stabilise son choix. Le récit ne paraît linéaire que si vous vous retournez, à un carrefour.

Dirais-je la même chose de mon âme, saturée de candidats possibles au récit que je tire de moi-même, ensemble chaotique de virtuels s'offrant, dans un tohu-bohu désordonné, aux choix multiples de mon discours, comme, aux îles Galapagos, les frégates mâles tendent et, candidats aux amours, gonflent leur jabot vers les femelles qui volettent autour d'eux ? Un bruit blanc, dit-on, accompagne chaos et désordre. Personnelles ou collectives, toutes nos histoires émanent de cette blancheur, de ces candidats possibles.

Le Grand Récit lui-même va-t-il jouer, enfin, le rôle de la photographie des cosmonautes ?

Le mouvement rétrograde du chaos

Inventions, découvertes, voilà de bonnes nouvelles, des bifurcations imprévues. Nous autres historiens des sciences avons, par exemple, beaucoup de mal à en interpréter la dynamique. Lorsque viennent au jour l'équation de Schrödinger ou l'ordinateur, adviennent des nouveautés que peu de choses antérieures annonçaient. Pourquoi ? Parce que le chercheur ne sait rien de ce qu'il va trouver avant de le trouver, puisque, s'il le savait, il aurait déjà trouvé. Celui qui découvre cette formule ou telle planète sait rarement qu'il cherche cette planète ou telle formule. Nous avons un mal infini à nous placer en amont de la trouvaille, parce que nous connaissons déjà son contenu. L'algèbre sans Viète ou la biologie avant Mendel appartiennent à des univers à jamais disparus, que l'idée nouvelle ferme. Pouvons-nous, de même, former quelque idée de l'état des choses au 15 Juillet 1789, quand la Bastille, déjà prise, n'annonçait pas encore la Révolution française ? Hommes de l'Ancien Régime, Turgot, Necker, Louis XVI ne prévoyaient rien de tel. Et maintenant, nous disons, à l'aise, qu'ils auraient dû deviner, au moins un peu, vers quelle rupture ils avançaient. Rien ne va jamais où l'on croit. Le moindre caillou peut faire diverger un flux menu promis à s'évanouir ou à devenir géant. Familiers de l'aval, nous croyons que l'amont contient en puissance les éléments qui fleurissent en aval. Mais nous observons ces éléments seulement lorsqu'ils fleurissent. Le récit d'histoire se conjugue au futur antérieur.

Tite-Live a beau jeu de faire discourir les premiers rois de Rome sur la grandeur à venir de l'Empire. Ils l'ignoraient à peu près autant que j'ignore l'état du monde après-demain matin. Plus encore, les Romulus ou Numa Pompilius dont il parle n'ont sans doute rien à voir avec les personnages réels, dans la mesure où la Rome dont Tite-Live parle n'a rien à voir avec le village premier, assez faible pour craindre les voisins, Albains, Étrusques ou Sabins. Nous ne parlons jamais que de mondes que leur avenir a transformés de fond en comble, de sorte qu'ils ont disparu.

La théorie contemporaine du chaos clarifie ce que Bergson nomma le mouvement rétrograde du vrai, sans doute sous l'influence de Poincaré, dont certaines équations décrivent déjà cette vision des choses. Parce que nous ne dominons pas les conditions initiales du mouvement, le présent, dit-elle, ne peut déterminer son ou ses futurs. Imprévisible, contingent, il peut bifurquer de la trajectoire estimée. Inversement, si, du présent, nous considérons le passé, alors, tout paraît déterminé : il annonce aisément sa suite. Déterministe sous ce point de vue rétrograde, la courbe devient contingente, à considérer l'avenir. Les systèmes mécaniques rendent rigoureuse l'expérience banale que nous ne devinons pas ce qui nous attend, mais que le passé nous paraît cohérent. Comment, par idéologie, pourrions-nous alléguer encore des lois de l'histoire, alors que les mécaniciens, face à des systèmes infiniment plus simples, les ont abandonnées depuis plus de cent ans ? La méconnaissance des conditions initiales rend l'avenir imprévisible, disent les sciences dures ; voilà une instruction immédiatement applicable aux multiplicités humaines : nous ne maîtrisons jamais toutes les conditions et ne prévoyons rien. La prétention à des lois de l'histoire devrait fondre devant la question : s'il y en a, prévoyez donc. Ainsi font le mécanicien ou l'astronome dont les prédictions touchent aux figures et aux mouvements, aux solstices et aux éclipses. Ainsi espèrent faire même les sciences en retard à la prédiction, guettant les signaux précurseurs des éruptions volcaniques ou des tremblements de terre. Mais quelques prévisions que ces sciences réussissent, reste que la théorie du chaos peut, soudain, les contredire. Ainsi, même dans les sciences les plus dures, la contingence entra dans la nécessité.

D'inventions soudaines ou autres nouvelles, nous n'exposons jamais, par après, que les conditions nécessaires. Sans elles, rien ne se passerait, certes ; mais avec elles, encore une fois tout aussi nécessaires, rien ne se passerait, non plus. Toute l'économie du monde et ses prospérités ne feront jamais qu'apparaissent telle découverte ou cette œuvre d'art. Seules des conditions suffisantes déclencheraient la séquence. Magistrales ou médiocres, cent explications regorgent de conditions nécessaires, mais nulle encore n'a mis la main sur la suffisance. Les sciences de l'homme et de la société déploient un beau talent à la recherche de conditions. Mais comment se fait-il que les mêmes ou, au moins, de semblables : père abusif, mère castratrice, basse classe sociale, enfance maltraitée... produisent, ici, un voyou et, là, un généreux, dans telle circonstance, un mathématicien, dans telle autre, un illettré ? Comment trouver la condition suffisante, aussi légère que plume, aussi muette que l'air ?

Suffisance et nécessité ensemble font partie des conditions initiales. Depuis Hadamard et Poincaré, nous savons, déjà Duhem le disait, que leur connaissance intégrale dépasse largement le cadre des entreprises possibles. L'historien a beau s'acharner aux archives, interroger les témoins, s'ils existent encore, jamais il n'en épuisera le détail infini. Cette multiplicité le surplombe, et, déjà, le récit des contemporains forme un filtre partiel de l'ensemble des faits. De quelque manière qu'ils restent, les témoignages du passé n'atteignent qu'à un ordre fort inférieur aux événements, dont l'ensemble infini bruit. Mais nous pouvons jouir du récit.

Paysage

Je reviens après la mort du Christ. Par le fracas du séisme, la terre entre, si j'ose dire, de l'extérieur, dans la boîte intime du collectif. Le récit, la tragédie, le son et le bruit d'histoire ne concernent pas seulement des femmes, des hommes, des enfants et des groupes. Plus haut, dans mon récit d'égotisme, j'ai rencontré aussi les paysages, mers et montagnes. Je ne vis pas seul au monde et ne raconte pas seulement mon aventure solitaire. Mon discours a beau me placer en position de champion, reste que l'environnement ne me réduit point à la pure ipséité. Beaucoup d'autres personnes enchaînent leur récit à la trame du mien et l'ensemble du tissu prend place dans le monde. Murs, villes et ponts, déserts et campagnes. Robinson lui-même aurait-il survécu sans son île, sources, plantes et chèvres ? Le paysage, grottes et rocs, animaux et arbres, ne se dispose pas comme un décor de sa vie, mais font partie de son histoire, comme des acteurs indispensables de sa faim et de son repos ; son âme pathétique retentit, multipliée, dans la vallée de l'Écho dont les parois lui renvoient sa voix.

Oui, le paysage se décolle du décor ; théâtral, celui-ci, de stuc, carton-pâte et coloriage, en imitation du réel, peut, indifférent, vaguement adapté, mis en scène, encadrer cent récits, châssis quasi indépendant de l'histoire racontée. Non, la terre, faune et flore, participe à notre aventure agraire, la mer et la plage égarent ou guident nos voyages, le désert assoiffe le Bédouin, la paroi peut tuer le montagnard. Privé de paysage, le récit, narcisse, social, politique, de ville et d'appartement, s'enroule, acosmique, sur les amours et les rivalités, sans autre danger que le meurtre intraspécifique. Certes, nous y risquons notre peau et la violence d'autrui ; mais ni la hiérarchie, ni l'amitié, ni les pleurs ne nourrissent. Nous avons besoin de chauffage et d'abri, de vivres et de boisson. Condition nécessaire de notre survie, le paysage agit dans le récit, peut l'annuler, le réorienter, causer mille rebondissements.

Célébrons au passage lesdites sciences humaines à qui nous devons mille beaux récits d'ethnologie et de sociologie, en sus de l'histoire. Grâce à elles, nous perdîmes narcissisme et racisme, grâce à elles nous invitons les autres et les étrangers à notre table comme nous nous invitâmes à la leur ; qui ne cultive pas de tels échanges ne peut rien comprendre à aujourd'hui, à hier, au reste du temps et de l'espace. Mais je déplore la formation des philosophes, des politiques et des journalistes à leur école exclusive. Privé de l'apport des sciences plus dures, le forum contemporain finit par croire que, seules, les relations sociales font vivre et nourrissent. Conditions nécessaires, certes, non suffisantes. Des discours qui tissent nos opinions, décisions et certitudes, le monde s'absente. Qui affronte désormais le quotidien : vache, blé, mer et morue, ce fer, ces bois ou ces cailloux qui donnent du cal aux mains ? Quand le dur se retire sous l'emprise du doux, nul n'a plus les pieds sur terre. N'y a-t-il plus de paysage qu'audiovisuel ? La météo de la télé remplace neige, glace et orages, que l'on ne ressent désormais, risques compris, que dans les vacances d'Arcadie. Les penseurs d'appartement parlent de paroles, de signes et de codes ; leur acosmisme efface les objets, les vivants, l'univers et le vent. Notre récit ne concerne plus que nous. Non, le paysage que nous habitons nous hante.

Pis, la distinction nature/culture ouvrit, quand nous l'inventâmes, un champ libre aux conquêtes sans retenue ; objet sans sujet, ladite nature devint un lieu de non-droit, trésor à épuiser sans vergogne et poubelle à remplir sans honte, où se servent nos désirs incrémentiels et où jeter nos déchets excrémentiels. Devant le pur décor, nous ne nous intéressons qu'aux hommes et aux feux de leur cupidité, envie, dominance. Comme nos récits humains, sociaux, politiques, historiques ne tiennent pas compte du paysage, à l'aveugle ils le saccagent ; comme nos cultures se donnent le droit de dire la nature sans droit, elles la souillent et détruisent. Du *Tiers-Instruit* et des *Paysages des sciences* au *Contrat naturel*, j'ai tenté, sans me faire entendre, de remettre le monde et son savoir à leur place, aussi bien dans la formation de l'individu, pour que son propre récit se rééquilibre, grâce aux choses elles-mêmes, que dans l'histoire et la philosophie, pour qu'émerge enfin un âge responsable du monde. Nous existons dans l'univers, peuplons la planète où chacun vit confronté à son paysage.

Certes, les choses, de plus en plus, dépendent, en majeure partie, de nous. Commencée dès *Homo erectus*, inventeur du feu, la confrontation avec ce qui ne dépendait pas de nous s'achève par des victoires si précises et autres défaites probables que l'actuel *sapiens sapiens* ne sait s'il doit se placer du côté des vainqueurs ou des vaincus. Victorieux, il s'inquiète aussi. Nous dépendons, en effet, désormais, des choses qui, tout justement, dépendent de nous, des effets de nos victoires. Encore un triomphe comme celui-là et nous voilà perdus, répondit le roi Pyrrhus à ceux qui le félicitaient pour avoir battu les Romains à Héraclée, puis à Ausculum, mais au prix de pertes énormes. Nous ne nous rendons pas toujours compte des faiblesses que notre puissance laisse derrière elle, de nos victoires à la Pyrrhus. Intelligent, efficace, le parasite gagne, jour après jour, ses batailles, mais il finit toujours par perdre la guerre, quand, justement, s'épuisent ses hôtes. Désormais donc, mais je l'ai assez dit, nous devons traiter la nature comme un symbiote et non plus comme un trésor, et, ici, comme un paysage et non plus comme un décor.

Je recommence. Qui sommes-nous, ensemble ? Le treillis, le texte de mille narrations, notre histoire, notre culture. Cela commence par le secret de nos amours, le récit de nos rencontres et sa confluence dans l'histoire, les traditions de famille, les portraits des ancêtres et l'album de photos de nos enfants, les souvenirs échangés aux fêtes carillonnées, cela se noue aux annales des villes, des provinces, de la nation, cela, tout à coup, s'appelle, par exemple, l'*Histoire de France*, celle que relate Michelet, dont le récit décrit, d'abord, les paysages du pays. Qu'est-ce que Paris ? Son histoire dans le val de Seine. Qu'est-ce que la France ? Son histoire et sa géographie.

À la question : qui suis-je ? répondent les biographies, aux dix genres littéraires ; à la question : qui sommes-nous ?, les réponses, parallèles, modulent l'histoire, de façon variable, puisque les genres littéraires s'en mêlent aussi. Épique ou romancée, idyllique ou théâtrale, militante, hagiographique... mais je me révolte contre ceux qui méprisent la géographie. Aussi égotiste que je le compose, mon récit autobiographique ne peut pas ne pas tenir compte de l'air que je respire, de mon alimentation, donc de la terre et du climat. Jeune et pauvre, je ne pus terminer un livre parce que j'ai eu froid. Le collectif ne se compose pas seulement d'individus, politique et sociologie pures n'épuisent pas le fait social, toujours adossé à un paysage qui joue, par l'intermédiaire des paysans, un rôle actif dans le récit. Pas de récit sans son pays ; pas de Grand Récit sans l'Univers.

L'histoire des Aborigènes d'Australie ne se comprend pas sans une terre, une faune et une flore qui ne leur permirent pas d'inventer agriculture ni élevage ; du coup, nous, Eurasiens ou Sud-Américains, paysans depuis le néolithique, comprenons, grâce à leur mésaventure, qu'humus, mammifères et graminées alentour agissaient autant que nous et agissent toujours dans nos actes historiques. Leur apport en nourriture nous sculpte. Cette géographie peut jouer sans que les acteurs en aient conscience : combien de penseurs, combien d'historiens grecs ou d'habitants du Moyen-Orient perçurent-ils, dès l'Antiquité, les dégâts causés par la déforestation, sur le pourtour de la Méditerranée orientale ? Qui, sauf Noé, juste avant le Déluge, entendit le bruit colossal du Bosphore en train de se rompre sous la poussée des eaux nouvelles de la mer d'Azov en crue ? Je le répète, ce paysage ne se confond point avec un décor ; il nous influence, joue un rôle dans la narration, même si, depuis longtemps victorieux à la Pyrrhus, nous ne l'y intégrons plus directement. Sans géographie pas d'histoire collective. Celle-là revient dans notre dos.

Dans notre dos…

Ci-devant citoyens du monde, les stoïciens de l'Antiquité formulaient leur sagesse en distinguant les choses qui dépendaient de nous de celles qui n'en dépendaient point.

Nous fabriquions des socs, échangions du blé, naviguions à voile, gérions un troupeau de moutons, une colonie d'abeilles, notre famille, la cité... alors que nous ne pouvions rien au monde ni au climat, ni à l'heure de la naissance ni à celle de la mort. À la rigueur, je pouvais me rendre maître de moi, de mes outils et de mes actes, de mes sentiments, peut-être même de mes proches, ici et maintenant, non de la géographie et de l'Univers, toujours et partout. Certains systèmes, finis, locaux et courts, nous les tenions en main, alors que nous vivions plongés dans d'autres, globaux et durables, infinis peut-être, dont nous faisions partie et qui, à leur tour, nous manipulaient. Là, causants ; ici, causés.

Or, aujourd'hui, ces choses globales : les vivants, leur évolution et leur disparition, dont la nôtre, personnelle ou collective ; l'humanité dans son ensemble et son destin ; la planète elle-même, sa chaleur, ses vents, le niveau de ses mers et son habitabilité... oui, ces choses, trop globales pour qu'elles devinssent des objets pour nos prédécesseurs, qu'ils devaient laisser aller à leur destin et en lesquelles leur destinée propre se confiait, ces choses, dis-je, dépendent désormais de nos techniques expertes, même de nos actions quotidiennes. Nous ne modelons plus seulement notre outillage, notre conscience interne, notre entourage immédiat, parfois notre voisinage, mais l'espace et le temps de la géographie et de la biologie. Notre influence déborde les choses stables prises dans leur instantané pour atteindre des systèmes larges au long cours. En changeant d'échelle, nos objets mutèrent : du local au global pour l'étendue, et, pour la durée, de l'instant et même de l'histoire à l'évolution. Du coup, je l'ai dit ailleurs, nous dépendons désormais des choses qui dépendent de nous. Cherchons maintenant à savoir ce que signifie ce *nous*, curieusement dit deux fois.

Voici : les anciens objets, maniables, nous les tenions jetés devant nous, en percevant leurs limites, dans l'espace et par le temps. Or, non seulement nous savons construire, ce que j'ai nommé jadis des objets-monde, qui dépassent lesdites limites : bombes thermonucléaires, effluents de certaines industries, systèmes de communication, satellites artificiels, biotechnologies… mais le monde lui-même, eau et air, vie et temps, naissance et mort, climat et durée, deviennent, à leur tour, pour nous, des objets. Devant qui les tenons-nous ?

Voici encore : locaux et mobiles, les objets anciens pouvaient devenir objets d'échange, dont les circulations tissaient le collectif ; pas de groupe sans ces objets, pas de société sans échange. Or en raison de leur dimension globale, les nouveaux objets se trouvent désormais, le plus souvent, hors échange. On peut s'emparer des sources, fixes et repérables, mais non voler l'aléa des pluies. Ou plutôt, l'enjeu majeur, demain, portera sur ces questions : oui ou non, l'air, le climat, la naissance, la mort… entreront-ils dans la circulation marchande ? Je parie que non ; si oui, s'ensuivrait une guerre totale qui éradiquerait l'humanité. À objets locaux, sociétés bariolées ; à objets globaux, humanité unitaire. Voilà ce que diraient un réaliste ou un matérialiste conséquents.

Ces nouveaux objets, hors échange, nous concernent, nous inquiètent, nous opposent, nous rassemblent. Première nouvelle : il ne s'agit plus des mêmes objets ; deuxième nouvelle, il ne s'agit plus du même *nous*. Par ce pronom, transparent à leurs yeux et presque oublié dans leur précepte, les anciens stoïciens désignaient leur propre groupe clairsemé de citoyens riches, savants et sages, leurs cités aussi, leur empire même peut-être, bref, des collectifs compatibles avec le rayon d'action fini de leurs outils. Pour fabriquer des charrues, il suffit d'une famille ; pour assembler un navire, d'un village de pêcheurs ; pour construire des palais, il faut une cité ; pour aligner une armée, organiser une administration, un État. À la taille d'un objet, à l'échelle d'un projet, à l'évolution d'une œuvre, correspondent celles d'un groupe et la durée de son histoire.

Nous voici aujourd'hui plus experts et moins sages, peut-être, que les stoïciens de jadis, plus puissants et faibles cependant, maîtres et esclaves, fous et raisonnables, multipliés, irresponsables, séparés les uns des autres par mille usages opaques ; comme d'habitude. Certes, tout dépend désormais de nous, mais nous dépendons tragiquement de la dispersion disparate et polémique de ce *nous* que je viens de dire en crise. Cependant un tel chaos de différences tend à se recruter en unité. Quel groupe nouveau suscitent ces objets-monde ?

Hélas, nous n'arrivons pas encore, au moins pour le moment, à constituer une institution mondiale propre à maîtriser la saisie, la gestion, l'évolution de ces objets-monde, non plus seulement diffus autour de nous et « causants », mais aussi jetés devant nous et presque aussi « causés » que jadis les objets locaux, petits de taille et courts de durée ; en tout cas, causés par nous et causes, en partie, de notre avenir. Ces systèmes globaux et durables me paraissent recruter un groupe nouveau de sujets, un nouveau *nous*. S'ils existent, il faut bien qu'un collectif les ait produits, par exemple, que quelqu'un ait troublé l'air que nous respirons et l'eau que nous buvons. Inversement, il faut bien, aussi, et d'urgence, que nous nous occupions de boire et de respirer demain. Autrement dit, nous nous rassemblerons moins, de notre décision ou de propre bonne volonté, pour gérer ces objets-monde, qu'inévitablement lesdits objets, de leur empan et de leur force, à terme nous rassembleront ; nous rassemblent même déjà. Tout se passe comme si les objets recrutaient, rassemblaient, quasi d'eux-mêmes, les sujets. Cette nouvelle objectivité produit, de soi, une communauté neuve de sujets, aussi globale que la taille de ces objets-monde, aussi large, pour l'espace, certes, mais se référant aussi à une durée immensément plus longue. Je veux dire par là que l'origine et l'évolution de ce nouveau collectif humain vont nous renvoyer, dès aujourd'hui, infiniment plus loin que l'histoire, au sens ordinaire, celle de l'écriture, des outils, de la famille, de la ville, des nations, des continents, desdites civilisations.

Hominescent, ce nouveau temps se réfère à l'aventure d'hominisation. Nous perdons nos liens avec les histoires locales et courtes de notre passé proprement culturel. Lorsque nous disons : ces choses nouvelles dépendent désormais de nous, savons-nous ce que nous disons ? Devinons-nous que se forme un *nous* qui, nouvellement, vit, habite, organise un espace, un temps, une sociologie, une culture, une politique… sans aucun rapport avec ce que les anciens *nous*, divers et bariolés, hantèrent, firent, dirent, enseignèrent ou apprirent ? Petits ou grands systèmes stables et instables, les groupes qui formèrent nos histoires diverses, d'une part, et, d'autre part, ce *nous*-là, nouveau, se séparent entre eux comme se distinguèrent entre elles deux ères aussi différentes que les temps géologiques où la Seine coule sous le pont Mirabeau, de sa source vers la Manche, de ceux où son bassin n'existait pas, dormant sur des plaques d'un autre âge. Je ne cherche plus les sources de ce que nous devînmes vers l'amont du pont Mirabeau, sous lequel la Seine compte un temps trop court pour mes neuves amours, mais je les demande à la physique de la terre dont le récit me dit qu'en des ères anciennes un autre temps s'y déployait, sans fleuve ni plaine, dont nous conservons des traces intéressant notre avenir.

En somme, si « ces choses » dépendent maintenant de nous, et si, en retour, nous commençons à dépendre d'« elles », nous devons clarifier ce que signifient et ces choses et nous. Les premières, nous les voyons et nommons avec autant d'éblouissement que d'angoisse, depuis qu'elles prirent des dimensions spatio-temporelles globales, mondiales, universelles : terre, eau, air, feux de l'énergie, vie… Mais, nous, face à elles, que devenons-nous ? Comment organiser cette communauté nouvelle désormais référée à d'aussi gigantesques objets, à d'aussi larges espaces et d'aussi longs temps que ceux de ces objets ? Nous rendons-nous compte des conséquences immenses de cet élargissement, de ces ruptures de différence ?

Qui suis-je ? disais-je, pour commencer. Je raconterai encore, si vous le voulez, le récit de ma vie. Ensuite, qui sommes-nous ? Ou plutôt : qui étions-nous, jusqu'à ce matin même ? Réponse : nous aimions à penser, tantôt à juste titre, que le récit de nos histoires nous constituait. Nous jouissions de la geste ancestrale de France et de Navarre ; nous ne cessons de construire des musées, comme ces bateaux, moteur arrêtés, qui courent encore sur leur erre ; nos amis portugais rêvent de Magellan et de Vasco de Gama ; chaque groupe chante encore le récit de son histoire. Ainsi fais-je toujours. D'oc et d'oïl, le style distinctif de rares génies éponymes a fait ma langue d'où je tire trois récits, le mien propre, celui de mon appartenance, enfin celui qu'indéfiniment je tente d'inventer… Ma langue a fait ma chair et ma chair a fait des livres de ma langue. Quel déchirement dois-je vivre désormais ? Dois-je changer de chair ? Je le crains et l'espère et le pense. Qu'avons-nous désormais en commun avec Louis XIV ou Napoléon ? Trop peu de choses pour que nous passions beaucoup de temps à nous en occuper ; pis, je vois que nos traditions, parfois, occultent à nos yeux les horizons à venir. La bifurcation brutale des objets de nos soucis bouleverse notre passé, ainsi que les récits qui constituaient notre communauté. La taille gigantesque de ces objets augmente d'autant celle de notre groupe et allonge la durée de l'évolution qui le forma. Le récit auquel se réfère désormais le nouveau *nous*, positivement hominien, des habitants de la planète, de l'équipage du vaisseau *Terre*, ce récit quitte les petits contes de nos appartenances étroites pour raconter le destin de l'humanité sur l'espace entier qu'elle occupa ; il s'agit du Grand Récit. Comme il advient lorsqu'en voyage nous prenons un grand virage, le paysage, derrière nous, se réorganise en sa totalité.

Nous n'avons plus les mêmes objets, nous ne sommes plus les mêmes sujets, nous ne constituons plus les mêmes groupes. Des soucis de taille globale globalisent les tailles de nos collectifs. Nous ne courons plus les mêmes risques, nous n'entretenons plus les mêmes relations, nous n'habitons plus des lieux différents, nous hantons une même planète, nous ne vivons plus le même temps. Qui peut prétendre que, subissant, par les rives de Bretagne, des vents froids issus d'un courant sud-américain, la brise dont son sourcil sent le frisson se limite au paysage autour de sa maison, au quartier de sa ville, à sa nation, voire à son continent ? Qui, fouillant aujourd'hui de ses mains le processus de naître et le recul de mourir, la mutation des gènes, l'émergence, l'éradication, le devenir des espèces, le branle long du climat… respire à l'aise le long d'une durée propre à la France éternelle, à l'Occident, aux sociétés sémito-indo-européennes ? Nous nous mesurons au temps long des plaques tectoniques et des mutations vitales. Nous ne nous sentons plus issus du même temps. Nous changeons d'espace et de durée.

De l'histoire nous ne tirerons pas, je crois, beaucoup de leçons pour nous tirer de ce nouveau pas. Elle nous concerne moins désormais que notre préhistoire, l'évolution des vivants, le temps de la Terre et celui de l'univers. Nous demanderons désormais conseil moins aux fastes que contèrent Tite-Live, Tocqueville ou Marx qu'à celui que comptent Lucy, Darwin et le big bang. Changent nos récits de fondation. L'intérêt passionné envers Rome, Washington ou l'Internationale concernait ceux qui voulaient dominer la Méditerranée ou le monde. La lutte pour la dominance ne désignera plus désormais un groupe distingué, vainqueur des autres, mais concerne les rapports conflictuels que nous tous entretenons avec le monde. Sans le savoir, nous ne cessions de lui faire la guerre. Par quel type de contrat naturel achever un conflit si caché ?

Vœux : pour mieux comprendre et pouvoir agir, que les instituts de sciences politiques fusionnent au plus vite avec ceux de physique du globe et d'histoire naturelle ; que les futurs décideurs apprennent de cette réunion comment naîtront, mourront, se nourriront, habiteront, respireront, travailleront ou non, communiqueront et même aimeront ceux dont ils auront, demain, la responsabilité sociétale ; qu'ils laissent leurs légendes des siècles pour apprendre à quels temps millionnaires s'ente l'avenir. L'ignorance de l'immense coulée temporelle qui, aujourd'hui, nous traverse et nous immerge précipiterait la politique et l'administration en une dangereuse désuétude.

Quelle coulée temporelle ? Voyez certains fleuves : ils ont, autrefois, amorcé une ganse ; soudain, ils l'abandonnent, comme un bras oublié, pour courir directement de part et d'autre de sa poche, d'un lieu en amont à une lèvre aval, en laissant asséchée cette courbe entre-deux. Ainsi, abandonnant au folklore les anciens récits, celui du nouvel humanisme articule directement l'aventure d'hominisation au processus hominescent qui gérera les objets-monde nouveaux. Le cours du Grand Récit global délaisse le détour d'histoire. Le *nous* neuf abandonne, sèches, les anciennes partitions, frontières, langues, États, nations, cultures, civilisations. Nous soudons la préhistoire à l'avenir. Nos histoires avaient oublié l'allure d'hominisation ; nous venons, ensemble, d'aborder un tel virage que nous la reprenons. Quel humain naîtra de là ? L'humanité redevient notre projet : non point abstrait, non point formel ou idéal, mais risqué, urgent, concret, destinal ; ni métaphysique ni moral : vital.

Les récits d'histoire s'étranglent ainsi entre les autobiographies de sujets singuliers et le Grand Récit global qui racontera, demain, comment se forma la nouvelle communauté face aux nouveaux objets. Le Grand Récit engendra, jadis, et le nouveau oublie et dépasse, depuis ce matin, le buissonnement prodigieux des récits particuliers, nos vieilles histoires de France, d'Andorre ou d'Eurasie, dont le souvenir, s'il subsiste, servira au moins à pleurer, en retour, les cruautés archaïques et les sublimités des partages dont elles instauraient ou confirmaient la mosaïque entre les langues, les civilisations, les espaces et les temps humains. Mesurons les souffrances, le Mal et les beautés qu'engendrèrent ce découpage, la magnificence malheureuse de l'histoire. À quel prix de sang avons-nous payé ses merveilles culturelles rares ?

La transformation du sujet en objet

Je reviens à mon début : la force et la détestation des rivaux accentuaient la sensation plaisante de l'appartenance ; plus deux héros ou deux groupes se portaient de coups, mieux nous en récitions la geste afin de nous sentir ensemble, délicieusement. Il faut d'exécrables ennemis pour forger un sous-ensemble. Souffrez, mourez, ce mal de violence sert toujours à quelque chose ; au moins à la fusion collective. Vous le voyez, l'armée fait la guerre ; mais en secret, mieux encore, la guerre fait l'armée. Quand la nation française commença-t-elle ? Au cri : la Patrie en danger ! Tout le monde se porta aux frontières. Pourtant, ces exclusions qui tuèrent tant de monde peuvent faire de nécessité vertu. Quand s'ouvre, en effet, une voie d'eau dans les œuvres vives du vaisseau, l'équipage cesse de se chamailler pour courir aux paillets ou aux pompes. Plus le risque grandit, plus l'unité se forme. Alors, le Mal ne se présente plus comme un problème, mais comme une solution.

Voici le nouveau négatif au travail. Le faux dieu des groupes a besoin de diable. Dites, maintenant, le nom de ce diable : il en a changé, ainsi que de statut. Car les objets nouveaux, de leur ombre immense, nous angoissent diaboliquement. Ils nous paraissent pleins de périls. Cet ennemi nous menace-t-il ? Pressentons-nous des catastrophes ? Tant mieux ! Plus nous sentirons le danger imminent, plus vite nous délaisserons la morose délectation de nos histoires pour nous associer nouvellement. Ô nouveauté, ces ennemis n'ont plus le nom d'hommes.

Faut-il vraiment se délivrer de la peur et de ses ennemis ? Non, ne nous délivrez pas de ce mal tout neuf, de lui peut venir la paix, le plus grand de tous les biens. Oui, l'ennemi change de statut. De jadis jusqu'à naguère, nos histoires le nommaient, l'accusaient pour que nous ayons envie de le tuer. Bien entendu, le bouc émissaire, l'ennemi qui venait égorger nos compagnes n'en finissait pas de renaître à chaque génération ; il fallait bien récrire l'histoire. Porteur d'un nom propre, cet autre avançait vers nous en nombre, tête haute, habillé, casqué, armé, comme nous. Ces rivaux nous ressemblaient comme des frères ; des jumeaux s'entre-tuaient en nos batailles. Je décris la lutte de l'esclave contre l'esclave et des fils contre les fils.

Nous venons de changer ces sujets ennemis en objets d'angoisse. Nous avons transformé les sujets en objets. Immense bénéfice ! Nous ne nous battrons plus que contre les effets de nos projets. Contre le réchauffement de la planète, contre la dégradation du climat, contre l'éradication des espèces, contre des abus possibles d'eugénisme... Nos boucs émissaires deviennent des idées, programmes, techniques, outils, mieux encore, des objets-monde. Quelle chance posthistorique !

Or, des dangers que nous courons face à ces choses, nous nous sentons tous plus ou moins responsables : ne nous battrons-nous plus que contre nous-mêmes ? Derrière les adversaires, ceux-là mêmes qui les combattent voient se profiler leur propre visage. Ne tuerons-nous plus personne ? Nous avons trouvé un nouvel Autre : non plus nous-mêmes ailleurs, en dehors des frontières, mais nous-mêmes, ensemble, projetés demain.

Tous : nous-monde.

Tous : des récits objectifs et cognitifs

Du récit, j'ai fait l'éloge – au-dessus même du concept – sans le définir encore. Il mêle deux éléments : une ligne relativement tenue, dont la continuité rassemble des grains aléatoires, contingents, chaotiques. D'un côté, le format, de l'autre, les bifurcations ; ainsi disent les *Rameaux.* Dans ce livre, deux exemples.

Ego : ma vie, mon identité, mon destin... procèdent d'un récit multiple, variable, tigré, nué, colorié... que je me tiens, plus ou moins, à moi-même et que je tiendrais aux autres, s'il fallait. Quelque loyauté ou mensonge qu'il raconte, je trouverai toujours assez de détails en ma conscience propre pour le vérifier. Nul ne peut le falsifier. Quant à ma conscience, elle dépend, dès son émergence, d'une voix musicale ténue, temporaire, cassée, continue, qui organise peu ou prou le bruit de fond granulaire du chaos intime. Si je laisse croître le nombre et la variété des grains, j'aurai beaucoup de choses à raconter, mais disposerai-je d'un bon canal pour le faire ? Inversement, je puis dire des platitudes sans information que tout le monde et moi pouvons comprendre.

Nous autres : la vie, le destin d'un groupe, l'appartenance à une culture ou à une civilisation… dépendent, à leur tour, d'un récit mythique, d'une histoire à laquelle une idéologie prête un sens, fausse ou vraie, sensée ou mensongère. Quelque différent que se présente ce fil, on trouve toujours assez de détails pertinents dans le chaos énorme des événements du passé pour qu'ils favorisent, éclairent ou même démontrent la cohérence de son sens. Nul ne peut le falsifier. L'histoire événementielle cite beaucoup d'informations qui se retiennent assez mal ; une histoire à finalité se partage à merveille, mais ne dit pas plus que la redondance de l'idéologie qui prescrit cette fin.

Homo sapiens : le Grand Récit, quant à lui, trouva récemment un enchaînement temporel en conservant la contingence de ses événements. Soit à chercher ce qui fait sa nouveauté.

La formation d'un récit témoigne donc d'une tension incessante entre la nécessité d'utiliser des formes préétablies, un format, pour pouvoir communiquer de manière fiable et une équivalente obligation de briser, de refaire ces formes parce que des circonstances contingentes viennent à les restreindre et que la répétition pure et simple ne comporterait aucun message.

Autrement dit, plus grande est la probabilité d'occurrence d'un élément dans une situation donnée, moins elle contient d'information. La redondance aplanit et facilite le canal ; la rareté le remplit de contenu. L'information croît en proportion de cette rareté. Contingentes, les circonstances tissent, par leur improbable nouveauté, le texte ou le contenu du message, alors que la répétition, la liaison, l'ordre, la redondance, le format… facilitent le canal par où passe le message. Nul n'entend que l'inattendu, donc le message, jamais le canal ; ou, inversement, nous n'entendons que ce que nous attendons, nous ne recevons que le canal, jamais le message.

Distingués jusqu'à l'opposition, ce tohu-bohu de haillons et cette ligne redondante, hasard et nécessité, épousent notre manière de vivre le temps. J'ai rappelé plus haut que l'une des racines grecques de ce mot, *teinô*, τείνω, qui signifie s'étirer, s'étendre continûment, comme en la coulée longue d'une pâte ou d'un fluide, contredit l'autre racine possible, *temnô*, τέμνω, qui signifie : couper en morceaux menus, quasi atomiques, comme lorsqu'on mesure la durée en siècles, minutes ou microsecondes. La même contradiction sculpte le terme rythme, coulant et cassé. Or justement, nous expérimentons comme un flux continu et unicursal l'heure de joie ou de travail, le jour de repos ou de douleur, la vie que je prétends mienne, une histoire que nous éprouvons comme nôtre... mais aussi bien comme une distribution de segments dispersés, intuitions éparses, chances, malheurs, haines, amours, attentes, désespoirs, incompréhensions, clartés...

Le mélange qu'évoquent les dérivés du temps, comme tempérance, allie, comme le récit, des éléments opposés : sec et doux, humide et froid, pour la température et la tempête ; bienveillance et dureté de cœur, prudence et intérêt, pour le tempérament... Ce mélange forme le temps de la chronologie aussi bien que celui de la météorologie, des intempéries de l'amour ou des intermittences de l'intellect, de sorte qu'il allie tout simplement les deux racines grecques susdites : l'extension continue qui peut passer pour le canal et les grains sectionnés qui disent l'information. Mêmes composantes pour le temps et le récit.

Ainsi, et dans sa plus grande généralité, celui-ci se construit comme la durée humaine, subjective et collective, et comme le temps du monde. Le voilà scientifique et littéraire, cognitif et objectif. Les deux lois qui le gouvernent, chaos de grains au hasard et continuité nécessaire d'une ligne, rejoignent celles qui fondent la nature même du temps, où, je le souligne encore avec force, le temps qui passe ne diffère pas du temps qu'il fait, où, j'y insisterai autant de temps qu'il le faudra, le temps physique se compose aussi contradictoirement que le temps humain.

Le récit de la Genèse et le récit des gènes

Parler du récit sans raconter ne vaut. Pour ce faire, je vais m'adresser d'abord à l'un des premiers de ma culture collective qui, pour le pire plus que pour le meilleur, entre quelquefois en concurrence avec le Grand Récit.

Mais avant que la Genèse ne s'écrive, ne se dise et ne se transmette, avant tous les récits de l'histoire, l'un des tout premiers propage la vie même ; écrit, codé en quatre lettres, dont les combinaisons se répètent des milliers de fois, le patrimoine génétique se duplique et se renouvelle par mélange sexuel et mutations. Ainsi saute-t-il de corps en corps et, en se transmettant, les transforme-t-il. Commençant aux organismes les plus élémentaires, des messages passent et bifurquent, produisant, par leur format, leur information et les hasards de l'épigenèse, le double récit contingent des espèces en évolution et des individus en développement. Déjà, dans les replis secrets de la chair, se racontent ces fragments, que nous déchiffrons, du Grand Récit.

Or, peu à peu, certains genres, évolués, ne se contentent plus de cette transmission génitale, mais imitent les gestes des voisins. En quelques millions d'années, ces animaux se dégagent des longues lignées des automates génétiques. Un certain apprentissage envahit l'aire de l'instinct. À un bout de mille fils, la plus mimétique de toutes les bêtes se mit à propager des messages autrement que par sexe et corps. Par gestes, plaintes, cris, musique, paroles, écrits, télécommunications... les humains reçoivent de l'information d'autres gens que de leurs parents et en émettent vers d'autres que leurs enfants. Nous cassons et généralisons la généalogie par ces signes, charnels et désincarnés, circulant sur des voies exodarwiniennes, adoptives et libres. D'où des nouveautés d'un autre ordre qui ne cesseront plus.

Les variétés du format

Bruits et chants, paroles volantes, écrits plus stables... voilà nos messages et récits hors corps. Pour émettre, pour transmettre et recevoir de l'information, nous obéissons, souvent sans le savoir, à des lois nombreuses. Des règles physiques, sensorielles et formelles règnent implacablement sur ces propagations. Par exemple : je ne fais pas signe dans la nuit ; je ne peux crier dans l'eau ; je ne gesticule pas seul dans ma chambre ; je ne parle pas chinois à la Sorbonne ; je ne mêle pas mes mots n'importe comment ni n'écris à l'encre sombre sur du papier noir. Agis ainsi, je ne recevrai jamais de tes nouvelles. Nos communications se soumettent d'abord à autant de formats. Ils vont sans dire.

Il s'agit de conditions sans lesquelles ne se communique rien. Vous ne pourriez pas lire ce livre sans la blancheur de la page, la taille égale des lettres, sans marge ni pagination, alignements ni paragraphes, sans que je respecte l'orthographe de ma langue, sans que j'obéisse aux règles de sa grammaire, sans que je donne, en gros, le même sens aux mots que celui que vous leur donnez, sans la lumière du soleil ou de votre lampe, sans qu'une semblable lueur ait baigné le temps et le lieu de ma rédaction, sans que nous ayons, tous deux, nos yeux clairvoyants, sans qu'une bonne institutrice nous ait appris à écrire et à lire... Nécessaires et multiples, ces conditions formatent le message. Certaines concernent la matière inerte, soleil et papier, découpage et matériel d'imprimerie ; d'autres le corps vif, regard et couleurs ; d'autres enfin ce que j'appellerais le logiciel, signes et sens, ordre et agencement. Tout cela ne concerne que l'ouvrage imprimé. Un semblable format multicouche règle les messages émis et portés par l'ADN lui-même, par sémaphores, signes gestuels, appels et complaintes, quatuors ou opéras, poèmes récités ou racontars de rumeurs, par téléphone, télévision, courrier conventionnel ou électronique... Dans chacun de ces cas, de multiples formats régissent à la fois le support matériel, le canal sensoriel et le logiciel choisi. Cet ensemble innombrable ne se voit pas, ne se perçoit pas lors de la communication, mais celle-ci s'éteint s'il manque. Mieux encore, celle-ci s'éteint, s'il ne se répète pas, s'il ne se soutient pas, s'il ne demeure pas constant pendant la durée de l'entretien ou de l'échange, pendant le temps du récit. L'essentiel du format – j'use du singulier pour exprimer cet ensemble innombrable, cette famille triple de règles – consiste en sa constance et sa répétition. Voilà pourquoi il demeure transparent : il ne contient aucune information. Inversement, l'information se définit comme ce qui ne se répète pas.

Ce format-canal, tout du long répété, obéit donc au principe d'identité. Il ressemble à la logique, aux mathématiques, à l'éternité. Leibniz disait que les vérités éternelles se déduisaient du principe d'identité, comme si elles ne faisaient que le répéter ; elles participent, prétendait-il, à l'entendement de Dieu, de Celui qui dit : je suis qui je suis, sujet redondant ou redondance du sujet. Cette identité redite caractérise ce format et la forme du sujet, l'éternité aussi bien que la nécessité. Sans elle, rien ne se dit mais elle seule ne dit rien.

Rappelez-vous : lorsque je racontais mon autobiographie, restait stable et identique, parmi le chaos granulaire du temps et du bruit, cette unité originairement synthétique, moi identique à moi. Que je récite, de même, quelque histoire, et il s'agit, par exemple, de la Ville Éternelle, la Rome de toujours. Le sujet du récit se répète presque autant que le format. Le récit montre ainsi une forme, une identité stables, *je* ou *nous*, proches du format, comme une couche adhérant au canal, qui coule alors, plus fluide encore.

Le format performatif : récit de l'origine ou origine du récit ?

J'ose à peine toucher aux premiers mots de la Genèse, objets de la foi, textes des milliers de fois commentés, discutés, vénérés, ridiculisés. Les voici pourtant. La grande semaine de la Création commence par la phrase : en un commencement où Dieu créa le ciel et la terre, et s'achève par : telle est la naissance du ciel et de la terre. Ces deux quasi-répétitions entre lesquelles Dieu s'annonce et se retire et où le monde vient à l'existence ouvrent et ferment, par leur redondance, la boîte qui contient le message et dont elles forment l'enveloppe.

Quasi musical par son rythme, le message, quant à lui, scande la répétition des sept jours. Il y eut un soir, il y eut un matin, tellième jour, il suffit de varier sur le compte des jours.

Quasi musical par son rythme, le message scande la puissance de la paroie performative. Dieu dit : que telle chose soit, et telle chose fut. Il suffit de varier sur les jours, il suffit de varier sur les choses. Quasi musical par son rythme, le message scande la séparation. Dieu sépara les eaux inférieures des eaux supérieures, la mer de la terre, le jour de la nuit. Il suffit de varier sur les choses séparées, sur les choses et les jours. Quasi musical par son rythme, le message scande la nomination. Dieu appela le firmament ciel, terre le continent et mer l'amas des eaux. Il suffit de varier sur les séparés, de varier sur les nommés. Quasi musical par son rythme, le message scande la jouissance du Créateur. Dieu vit que ceci, Dieu vit que cela, il suffit de varier, que tout ce qu'il avait fait, en somme, était bon. Parmi la régularité de ces rythmes, à peine remarque-t-on une légère progression quantitative entre les œuvres des jours, comme si en croissait le *tempo*, augmentation due à la multiplicité des choses produites, rare au début comme ciel et terre, mais de plus en plus puissante quand s'allument les étoiles et que grouillent les vivants.

Ritournelle du temps, de la production par la parole, du disjoint, de l'appelé, du satisfait, j'ose à peine dire que le rythme l'emporte sur la variation, l'harmonie sur le chant, la répétition sur les choses variées, que la redondance du message, maximale, tend, au bout du compte, vers l'identité. Un jour suffirait-il à tout dire et à tout faire ? J'ose à peine écrire qu'au bout du troisième jour, au train où vont le dire et les choses, la probabilité pour que reviennent les mêmes termes tend fortement vers la certitude. Or quand cette probabilité s'accroît, le contenu d'information décroît en proportion et jusqu'à s'annuler. Oserais-je écrire que le performatif l'emporte sur l'information ? Vite, que le samedi arrive, le message risque de ne plus rien dire. Voici le repos. Leçon : dans le règne de la redondance, de l'identité, du performatif, dans le royaume de l'Éternité, dans la prégnance du format et du sujet, la perfection du canal anéantit l'abondance de l'information. Le dire optimal fait tout mais ne dit rien. Ne dit rien que la toute-puissance du dire.

J'ai dit la musique et martelé le rythme. Je reviens, pour les justifier, avant le commencement, avant que ne s'ouvre et que ne se ferme la boîte qui contient, dans ses enveloppes, ce message cadencé. Surprise pour la création dite *ex nihilo*, il existe un état qui précède ce commencement, état où règnent le désert, la ténèbre, l'abîme et la masse informe des eaux primordiales, où domine le tohu-bohu. Revient le bruit rencontré en mon âme et mon groupe. Rythme plain et formaté, plaine lisse, d'une part, qui nous protège comme d'une paroi, de ce bruit de fond que font, de l'autre côté, les vagues de la mer, le brouhaha de base des multiplicités innombrables qu'aucune musique ni aucune parole n'a encore mesurées, le halètement derrière le silence. Le grenu, puis l'unifié. Le multiple et l'un. Le divers et l'homogène. Le grésillement et le monotone. Le chaos irrationnel mugissant et l'Être qui est, redondant. L'indicible et le répétitif. Le rythme suit du varié. La semaine détaille le préexistant du Dimanche d'avant : l'Unique et le bruit. Deux temps : identité, altérité ; format et bifurcations ; hasard et nécessité.

Qu'il faille le rythme régulier de la musique pour araser le détail désordonné des multiplicités, pour lisser leur vrombissement assourdissant, voilà, en effet, une leçon que nous donnent le monde et ses éléments, mers, volcans, séismes et vents, les singularités ou les espèces diverses du vivant, mais que nous donna aussi bien ma conscience de moi-même, aux confins de la chaleur charnelle, que nous donnèrent encore les foules anonymes où nous nous perdîmes, aussi bien que les nations qui nous jetèrent en des guerres hurlantes de haine, leçon du subjectif, du collectif, de l'objectif, mais du cognitif aussi, leçon de la conscience, de l'histoire, de l'univers et des savoirs, la leçon majeure qu'ici Dieu nous donne. Leçon à double entrée de tout récit possible.

Ici commence donc le récit de la Genèse. Ici commence aussi la genèse du récit. Je prends, nous prenons, ils prennent, Il prend en somme la parole. Aussitôt, elle performe, sépare, appelle et jouit. Elle répète, identitaire, et coupe court à toute multiplicité. Elle coupe si court qu'elle tourne court. Le désordre se retire et ne peut plus lui résister. En revanche, il ne la nourrit d'aucun contenu. Dieu dit : je suis qui je suis, je dis et je crée ce qui est. En un mot répété tout se termine. Il n'y a pas de récit. La genèse du récit commence par un si petit récit qu'il annule le récit ; la toute première loi de ce récit, le principe éternel d'identité, anéantit, de répétitions, le temps et tout récit possible. À peine plus court qu'une petite semaine rythmée.

Alors, pour que le vrai, l'authentique, le développable, le temporel récit commence, il faut l'ouvrir vraiment à ce qui rompt l'identité, à ce qui casse la redondance, à la multiplicité chaotique, au brouhaha, au tohu-bohu. Au premier commencement, Dieu parle, il ne cesse de dire, la parole ne fait que parler. Au deuxième commencement, Il va parler un peu, puis ne plus beaucoup parler, puis se retirer dans une transcendante absence. Alors l'autre Grand Récit commence. Entrent l'homme et la femme. Ils ne vont plus s'arrêter de parler, pour combler, dans le détail, l'immense silence de Dieu. Entrent l'altérité, le désordre, la rareté des singularités.

Nombres

Lorsque nous commençons un récit, oral, écrit, de signes ou d'électronique, nous nous assurons d'abord, je l'ai dit, du format. De la lumière, de la page blanche, de l'encre noire, de la visibilité, de l'écoute, de la rectitude orthographique, sémantique, syntaxique... Nous ne récapitulons certes pas, à chaque fois, l'alphabet des lettres, le solfège des notes, la suite des nombres ni la table des atomes, nous les tenons, virtuellement, pour acquis. Mais tout se passe comme si nous pouvions, de temps en temps, vérifier leur présence, leur fidélité. Car sans eux, le récit s'évanouirait.

La série des nombres peut, à cet égard , servir d'image. Parmi eux, les nombres premiers produisent les autres, qui ne font qu'en répéter des combinaisons. À la différence des alphabet, solfège ou table d'éléments, leur suite, infinie, se distribue étrangement dans l'infinité ordinale des entiers. Au commencement, il y en a beaucoup : cinq, jusqu'à 10, quatre de 10 à 20, et ainsi de suite. Nous ignorons la loi de leur apparition. Mais nous savons qu'à mesure de compte, ils se font de plus en plus rares et inattendus jusqu'à ce que nous nous étonnions de les trouver, comme des paillettes d'or dans les boues banales d'un torrent. Le monde ressemble aux nombres premiers ensemencés dans les autres nombres. Nous errons dans l'espace ordinaire quand apparaît soudain un lieu de beauté qui fait battre le cœur. Nous errons dans le temps de l'histoire, l'aventure de la vie, la foule anonyme et, tout à coup, un moment d'exception, une chance délicieuse, une rencontre opportune saisissent de leur foudre l'intuition intelligente, le ventre vague ou l'âme et transportent au septième ciel. Le monde, la durée, la masse s'ensemencent de paillettes d'or, cimes rares, instants denses ou femmes premières.

La Bible récite Dieu comme je compte les nombres. Au commencement, dans les sept premiers jours, le Créateur se répète, présent, on ne voit que Lui, on n'entend que Lui, tout se produit de Sa parole. Passé la semaine, il entre dans son repos. Il va encore parler, mais peu, beaucoup moins, de moins en moins, sa parole va se faire de plus en plus rare et inattendue, jusqu'à ce que nous nous étonnions, à crier au miracle, lorsque quelqu'un Le reconnaît, ici et maintenant, comme une paillette d'or dans les multiplicités banales et cruelles de l'histoire, comme la tangence ponctuelle de la transcendance sur les eaux brouillées de l'immanence, comme la constance dans l'oubli, comme la vérification du format parmi l'abondance immense des choses transmises. Au commencement du monde et du récit, le principe éternel d'identité répète tant son format que le message perd toute information. La certitude déborde, la rareté manque.

La première femme

Alors l'histoire commence, alors commence le récit. Où la parole tente encore de jouer son rôle performatif. Dieu crée l'homme à Son image et à Sa ressemblance et Adam va nommer les plantes et les animaux du jardin comme le Créateur nomma la nuit et le jour. Si cela continuait, il n'y aurait toujours pas de récit, toujours pas d'information, rien que de l'identité, par manque de rareté. Par bonheur advint la femme. Elle met en échec le performatif de la parole divine. Qu'immédiatement le fait s'ensuive du dit par le fait même de le dire, cela caractérise à la fois l'ordre et la toute-puissance. Dieu dit : ne touche point à ce fruit et, tout aussitôt, tentée par quelque reptile, Ève le consomme. La première rareté, donc la première information, rompt le principe d'identité du fait identique au dit. La paille dans la toute-puissance, la désobéissance à l'ordre, voilà le vrai début de l'histoire. Le récit commence toujours par une bifurcation qui casse la répétition. Mère de l'humanité, Ève porte la matrice de tout récit possible. L'histoire débute avec la chute. La femme met en échec le principe d'identité, met de l'information dans la redondance, casse la glace plane de l'éternité, invente l'histoire en jetant de la rareté dans la répétition. Le Dieu de la Genèse joue le rôle de format universel ; Ève, singulière, brise le format.

À partir de là, l'histoire montre une rareté double. D'abord l'abondance diversifiée de la désobéissance humaine. La femme et le mâle, l'individu et le groupe vont mettre leur génie à varier follement toutes sortes de crimes. Tuer son frère, sa fille, quiconque, violer la femme de son serviteur... le récit se met à surabonder de ces raretés-là, de plus en plus communes, jusqu'à retomber dans la monotonie. Pendant le temps de ce récit, Dieu, absent, paraît, parfois, rarement, parle aux prophètes, les prophètes parlent pour et de Lui, éclate au sommet du Sinaï, ensemence son manque dans l'histoire. Autrefois redondant, le voici rarissime dans le récit. Pendant que le péché, rare d'abord, puis fréquent, passe de l'information à la redondance, Dieu passe inversement de l'identité répétée à l'apparition rare.

L'histoire, mais aussi tout récit en général, combine les deux lois : l'un et le multiple ; le même, répété, avec l'autre, diversifié ; la redondance et la rareté imprévue ; le format stable et des bifurcations ; Ève bifurque simplement sur le format redondant du performatif. Mais, de plus, la Bible croise les deux lois, divine et humaine. Dieu unique, le Créateur joue le rôle de format et garde l'éternité. Diverse et non performative, la parole des hommes entre dans le temps, imprévisible comme elle et comme ses locuteurs. Mais le récit biblique croise les deux rôles, en image et contre-image. La bifurcation désobéissante et pécheresse surabonde, au point qu'elle vire à la répétition, plongeant l'histoire humaine dans la monotonie redondante du crime. Saturé d'information, le récit, peu à peu, la perd. Commencée dans l'imprévisible, l'histoire entre alors dans la répétition. Inversement, l'identité divine, commencée dans la redondance performative et créatrice, va, peu à peu, dans le repos, se retirer, manquer, s'absenter de plus en plus et se faire si rare et si imprévisible qu'elle passe, quand à elle, de la nullité d'information à son remplissement.

Existe-t-il récit aussi saturé d'information que celui qui montre la plus forte rareté ? Ainsi, permutant les deux lois, se croisent deux histoires, celle des multiplicités humaines et celle de l'unité divine, celle d'une désobéissance si fréquente qu'elle tourne à l'habitude et celle d'une éternité si rarement présente qu'elle tourne à l'événement. Le récit ne raconte que crimes, jusqu'à ne plus dire que leur haute probabilité, la certitude que la violence nous ravagera jusqu'à Hiroshima ; en même temps, le récit ne raconte que l'absence, que l'attente, que l'espérance de la chance la plus rare, raconte le plus déchirant de nos manques, jusqu'à nous persuader de son improbabilité. Du coup, il n'y a de certain que le Mal, il n'y a de nouveauté sans espoir que le Messie dont l'advenue, indéfiniment retardée, nous délivrera. Le maximum ou l'optimum d'information peut-il, alors, en racheter la perte ? L'espérance rachète-t-elle toutes nos certitudes ? Muni de ces deux lois croisées, ce récit contient-il la matrice de tout récit possible ?

Mal, première

Que la littérature naisse avec le Mal, je n'ai pas besoin de transgression pour le comprendre. Tout récit ne commence, en effet, que de rompre avec l'identité, que de mettre un obstacle devant la parole performative, que de bifurquer sur la répétition. Sans cette bifurcation, cet obstacle, cette rupture, la redondance empêche que commence un récit en vidant le message de tout contenu d'information. Avant la femme, il n'y a que des images répétées ou des similitudes. Dieu crée l'homme à sa ressemblance comme il créa le monde à sa parole. Modèle réduit de ce monde-paradis, l'Éden se remplit de plantes nommées. La femme refuse la répétition. Elle pèche par oubli de l'Être. La chute casse la redondance. La désobéissance rompt avec l'identité. La faute incline le parallélisme des images. Tout récit possible commence à la sortie du paradis performatif, quand une inclinaison casse la bifurcation du temps. Ève invente la littérature. On pourra, éperdument, parler de faute, de péché, de transgression, de mal radical, du diable et de son train, tout se réduit, par une simplicité admirable, à l'infléchissement de l'identité, à un angle sur la redondance, à une pente glissante quittant la plaine uniforme du performatif. Ève ouvre l'angle qui fait naître le temps à partir de l'éternité, la parole multiple et circonstancielle, singulière et variée, à partir d'un tenu monotone. Je ne vois du diable que son pied fourchu.

Certains rêvèrent à jouir du performatif. Les juristes y réussirent et découvrirent dans le droit, des lieux, des temps, des circonstances où dire : la séance est ouverte, ouvrait, de fait, la séance et où prononcer une condamnation à mort faisait, *ipso facto*, trancher une tête. Dite ou écrite, la loi a force de loi. Le législateur, quasi divin, reflète l'image de Dieu, législateur. Mais, hors le droit, le rêve vire vite au cauchemar. Le roi Midas obtint, dit-on, de transformer en or tout ce qu'il touchait, comme si sa peau se dotait du pouvoir de la pierre philosophale. Il désirait de l'or, il avait de l'or, mais, par redondance, tout devenait or. Qu'il eût faim ou soif et le pain qu'il rompait, le vin qu'il se versait, le sel qu'il répandait se changeaient aussitôt en pépites et lingots, le laissant mourir de famine. Ici, le performatif de fortune ; là, le performatif du désir : ce que désirait Sade, le divin marquis désirait, en outre, que la personne qu'il désirait le désirât comme lui. Ce comble de l'arrogance aristocrate finit dans la monotonie assassine. Quoi de plus redondant que les crimes sadiques, sinon les règnes des tyrans assoiffés, aussi bien, d'un pouvoir performatif ? Diodore, l'empereur Caracalla, Louis XIV, prédécesseur emperruqué de Staline, ou l'infâme Pol Pot, même mortelle uniformité. D'autres enfin désirèrent le performatif de la raison et le trouvèrent dans le dogme, dans l'infaillibilité du savoir absolu : naufrage dans la sottise raide. Dans tous les cas, or ou sexe, puissance ou vérité, le performatif tourne à la mort des personnes ou de l'intelligence. Vide d'information, la redondance précipite au néant, parmi le compte monotone des colonnes de Buren. À vouloir imiter cette idée de Dieu, nous nous transformons en pauvres diables stériles ou dangereux, sans histoire ni récit, sauf le compte des tombes dans les cimetières.

Formidable sujet au chapitre des commencements, Dieu dissout sa toute-puissance en faiblesse, éteint sa parole dans la mutité. Il commence sa Passion. Sa présence dense s'évapore en un virtuel tel que chacun peut lui désobéir, librement. Et ne l'évoquer, ne l'invoquer, ne le chanter que par des signes que l'on peut à peine écrire ou dire. Si évanoui qu'il n'existe presque aucun indice de Lui. Le bruit multiple du charivari historique recouvre l'unicité du verbe performatif. Pis, que ce verbe reparaisse, en os et en chair, événement tellement improbable et rarissime que nul ne pourra croire à une telle quantité d'information, et chacun s'acharne sur Lui jusqu'à ce qu'il agonise. Le sujet à la dimension du monde se fait objet à la dimension du néant.

Mais les cris du vacarme d'histoire ne bruissent que de Lui. Oui, ce tohu-bohu culturel désigne mille et mille objets divers, mais tous portent ce manque, ce trou du virtuel absent. Perdu, le sujet devient l'objet perdu. À retrouver, à redécouvrir, éperdument. Sujet infiniment puissant de tous les commencements, Dieu devient l'objectif infiniment faible et inaperçu de la fin.

DÉPLOIEMENT D'UN SPECTRE CONTINU PAR VARIATIONS DISTINCTES

Thème et première variation en reprise : la parole

L'histoire, donc, retentit de l'absence divine, sauf exception : quand passent les anges, chantent les psalmistes ou tempêtent les prophètes. Plus il y a Sa nécessité, moins il y a d'information qui, inversement, croît avec les hasards de la désobéissance. Plus il y a de nécessité, moins il y a de récit, qui abonde d'autant plus qu'il verse à la contingence, quand Dieu se retire. Big bang de la Bible-bombe : de l'identité à l'altérité, de la répétition à la contingence, quand le récit commence, explose l'histoire, *ex nihilo*. Dense d'information, elle jaillit d'une semaine anhistorique, à zéro d'information. Le hasard jaillit de la nécessité.Tout se renverse à partir d'Ève.

Il m'arrive de penser qu'elle ouvre une fissure dans le mur lisse construit pour que l'identique, de son ordre, nous protège du tohu-bohu. Par elle, du bruit sourd au sein du silence redondant.

Naissance du temps : il n'y a plus de retour éternel. Le temps commence à la tangence contingente de l'éternité, où règnent l'identique et le répétitif ; sa durée débute à la fin des ritournelles qui ordonnent la semaine créative. Le temps naît de la désobéissance improbable, de l'incroyable perte, par le verbe divin, de son pouvoir performatif, coup de dé, hasard qui, par sa rareté, fait exploser la quantité d'information, donc lance le temps du récit. L'irréversibilité du temps s'ensuit de cette contingence, de cette rareté, de cette bifurcation, de l'ouverture du récit ; celui-ci se développe moins dans le temps que le temps ne se définit plutôt par le profil, ici inventé, du récit. Annuler le récit reviendrait au réversible ; revenir au réversible annulerait le récit. Le temps surgit de l'éternité, comme le hasard de la nécessité.

Deuxième variation : les atomes

À la plus extrême distance par rapport à ce qui précède, passons de l'aire sémite à la gréco-latinité ; de Jérusalem à Rome et Athènes ; du spirituel au matériel ; du religieux au savant ; de la prose à la poésie ; de la parole aux atomes ; du doux au dur ; de Dieu à la répudiation athée du divin. Aussi éloigné que possible de la première variation, le commencement du monde que dit, dessine, calcule, chante, récite Lucrèce, déploie pourtant le même modèle.

À l'origine, il pleut éternellement, en parallèles, des atomes dans le vide uni. Répétitif et redondant, l'ordre règne *ab initio* :

régularité homogène d'un environnement infini et monotone, mouvement uniforme, écoulement laminaire. Hasardeux, improbablement distribué, temps et lieux incertains, dans l'étendue et la durée lisses, infiniment petit, le *clinamen* différentiel rompt soudain cette éternité identitaire de la chute des éléments dans le vide blanc, et favorise, par le tourbillon induit, le brélage des choses, les rencontres de l'histoire, même la composition des mots. Absurde, inconcevable, impossible même, tangente et et contingente, sa déclivité barre la chute verticale, comme la désobéissance contredisait le performatif. Un désordre s'introduit dans l'ordre préalable.

Aucun récit ne peut jamais raconter le parallélisme géomètre, hors du temps, de la pluie élémentaire, parce qu'il ne contient, par sa répétition, aucune information. Par la première circonstance, le récit commence ; par cette inclinaison, au hasard, dans la chute d'un atome, par la tangente à un début de turbulence, par la contingence du temps dans l'éternel. Déclinons cette déclinaison au féminin ; inversement, j'aimerais dire qu'Ève s'incline et louer la matriarche de sa turbulence. Alors, l'univers entier des choses, l'histoire des hommes et le poème de Lucrèce jaillissent ensemble de ce coup de dé tourbillonnant. S'enchevêtrent les atomes et naissent les choses ; s'entremêlent les codes et paraissent les paroles. Ainsi le récit jaillit-il de l'éternité muette, par un hasard ensemencé sur la nécessité.

Il m'arrive de penser que le *clinamen* provient d'une déchirure brusque dans le mur lisse de vide, ici construit pour que l'identique, de son ordre, nous protège du tohu-bohu qu'émet le fond du monde. Par lui, du bruit sourd au sein du silence de la chute.

Ces récits s'opposent en restant jumeaux : matérialiste, mécaniste et athée, ce deuxième modèle énonce dans une autre langue, je parle sans paradoxe, le créationnisme monothéiste, spirituel et linguistique de la Bible. Ce que l'un dessine, l'autre le dit ; ce que l'un schématise avec des particules, l'autre le raconte avec de la parole ; l'ordre éternel que l'un trace en lignes parallèles dans l'espace, l'autre le place, en rythme, dans le performatif d'une langue toute-puissante ; le trou de désordre que la turbulence ouvre ici, la désobéissance le déchire là. Somme toute assez lourdes en différences, ces variations mettent en lumière, cependant, une éblouissante isomorphie : dans les deux cas, le récit, le temps, l'histoire, le monde, tout ce qui existe et se meut, plus tout ce que l'on peut en dire, émergent d'un court-circuit foudroyant qui met en relation l'ordre et le désordre, la redondance et la bifurcation, l'identique et le tourbillonnaire, le hasard et la nécessité. Au sortir du blanc mutique, le récit jaillit de l'improbable ; aux frontières de l'identité, l'information surgit d'une rareté ; à la tangence de l'éternel, le temps sort du contingent. Un invariant par variations rapproche les deux modèles par-delà leurs divergences. Traduisent-ils, chacun de leur côté, un schéma peut-être inévitable ou difficile à dépasser, où, de quelque façon, le hasard se mêlerait à la nécessité ?

Troisième variation : la physique

L'invention, à la Renaissance et peut-être même dès le Moyen Âge, de la science moderne consista en l'application des mathématiques à l'expérience physique, en la rencontre d'une langue identitaire aux principes universels, d'une part, et des singularités multiples et irréductibles du réel, de l'autre ; soit dans l'originalité d'une nouvelle tangence entre deux mondes, celui du hasard, celui de la nécessité.

Pourquoi cette découverte émergea-t-elle aussi tard, alors que les Grecs de l'Antiquité avaient tout, semble-t-il, pour y parvenir ? Ils ne purent l'inventer parce qu'ils croyaient en la nécessité. La naissance de la géométrie fit un éclat qui éblouit et aveugla leur pensée ; il y avait de quoi. L'irruption du nécessaire dans les choses et les mots émerveille qui médite. Beaucoup d'entre les Grecs crurent qu'il suffisait de faire confiance à cette divine maîtrise pour tout comprendre : la politique et l'homme, la musique et le monde, jusqu'au détail des causes et des raisons ; qu'il suffisait de déduire. Sur ces longues chaînes de raison, toutes simples et faciles, ils tombèrent sur une étrangeté que nous-mêmes, peut-être, n'avons pas encore éclaircie. Par quel miracle, s'écrient, par exemple et ensemble, Kant et Einstein, tel théorème, formel et abstrait, s'applique-t-il à telle circonstance concrète des choses ? Par quel mystère cette circonstance-ci touche-t-elle à l'universalité de cet énoncé-là, bref, ce hasard tangente-t-il cette nécessité ?

Platon crut un moment qu'aidé du Démiurge, son *Timée* pourrait déduire des mathématiques le détail du monde ; qu'à l'instar des atomes de matière, ses triangles et ses polyèdres de forme composeraient, d'eux-mêmes, les quatre éléments inertes, l'univers et les vivants. Il échoua, car il se trompait. Cette chute retentit longtemps et nous dûmes attendre au moins la Renaissance pour nous en relever.

S'il croyait à coup sûr à un tel miracle, son Démiurge, néanmoins, eut l'intelligence initiale de construire son astronomie en coupant le cercle du Même par celui de l'Autre, pour ouvrir, ainsi, l'angle oblique de l'écliptique. Surprise, à nouveau : éternitaire et redondante, l'identité rencontre, au point vernal du printemps, une étrange altérité qui la contredit, pour que le récit de l'univers puisse commencer ou devienne possible. Dis-je autre chose, depuis tantôt ? Même à l'intérieur du projet formel de ne garder que l'efficace des Idées ou des Formes mathématiques, même dans le rêve de l'universelle déduction, songe formidable et creux qui coûtera aux Grecs de ne point accéder à la science moderne, l'inclinaison revient, réintroduisant du bruit dans la redondance du Même pour que s'ouvre le récit des commencements du monde.

On ne s'étonnera pas que Milton et tant d'autres, plus tard, aient reconnu dans l'inclinaison de l'écliptique, dont l'amabilité, pourtant, produit les saisons et leurs fruits, la trace du péché originel et de la chute d'Ève. Aussi naïve et risible que paraisse aujourd'hui cette translation, elle a une forme abstraite qui fait l'unique objet de ma réflexion, ici. Ève ressemble à une Autre, mieux encore que ne le rêvait l'auteur du *Paradis perdu*. Tout se passe comme si un modèle rigoureux traversait, de sa structure stable, les récits d'origine – ou les origines du récit – les plus différents, les plus opposés en apparence. À comparer, en effet, le *clinamen* de Lucrèce à l'inclinaison induite, dans les cieux platoniciens, par l'Autre sur le Même, on se demande encore pourquoi les Amis des Formes engagèrent, depuis si longtemps, une telle bataille picrocholine contre les Fils de la Terre, et pour quelles absurdes raisons certains pays, dits civilisés, en bruissent encore aujourd'hui.

Et maintenant, que pense et que fait Galilée en fin de Renaissance ? Il lit, dit-il, un monde écrit en langue mathématique. Certes, mais revient là le mystère : pouvons-nous prévoir quelle phrase de cette langue exprime, ici ou là, tel ou tel phénomène ? Pouvons-nous déduire, inversement, telle apparence de tel théorème ? Non, répondent ensemble le monde et sa langue. Ni l'une ni l'autre ne permettent de découvrir cette clé. Ni la langue seule ne permet de prédire quelle région du monde suit telle de ses prescriptions, ni telle région du monde ne permet de prévoir quelle phrase de la langue la dira. L'arrière-monde des formes ne descend pas, de soi et prédictiblement, point par point, région par région, sur le monde tel quel, qui, inversement, ne monte pas, tel quel et lieu par lieu, vers sa langue. L'application ne se fait pas toute seule, comme automatiquement. Il faut expérimenter.

Le caractère inévitable de l'expérimentation vient de ce que nous ne pouvons pas prédire quel théorème s'adapte, par exemple, à la chute des corps. Pouvons-nous dire pourquoi, là, s'impose une équation du deuxième degré, alors qu'ici, pour une autre région, nous aurons besoin d'utiliser une intégrale ou, pour ailleurs, un tenseur ? Seule l'expérience le suggère, l'indique, le dicte. Autrement dit, le monde montre de la contingence par rapport au langage nécessaire qui, pourtant, l'exprime au mieux. Tant bien que mal, la nécessité tangente des choses hasardeuses par rapport à elle. Ainsi revient, comme un refrain, ce que je ne cesse de dire.

Du coup, ce refrain s'étend si largement que cette bifurcation, que ce nœud inadéquat, ce croisement de Même et d'Autre, cette rencontre de la nécessité avec le hasard, cette fragilité d'adaptation, ce principe de récit… définissent la science moderne. La mécanique, l'astro- ou la géophysique, la thermodynamique, la biochimie… n'en finissent jamais d'appliquer des lois nécessaires, mathématiquement formulées, à des régions du monde, à des singularités du temps, de l'espace, des mouvements, des forces. Citez une seule science qui se priverait de cette tension entre un fil conducteur logiquement cohérent et mille grains d'éclats de choses formant un paysage contingent, sans une tangence de celui-là, mathématique, à ceux-ci, expérimentaux. Globalement nécessaire, méthodiquement obligée, il reste que cette correspondance entre, pour le détail local, dans l'imprévisible ; nul ne peut dire, avant toute expérience, quelle équation, quelle inégalité, quelle formule en sortiront. Nous définirons donc l'application comme une mise en relation, comme une tangence contingente entre le hasard et la nécessité.

Que le Grand Récit raconte désormais l'ensemble global de ces mises en rapport, cela n'étonnera que ceux qui ne comprennent pas que la science moderne, au matin même de son émergence, prenait déjà, ainsi, la forme du récit.

De plus, et l'on ne s'en avisa que récemment, la seule expérience décisive reste celle qui falsifie les lois en vigueur, redondantes de nouveau dans le modèle précédent. Une vérification de plus n'enseigne rien, en raison, justement, de sa répétition, alors que la mise en échec lance une bifurcation, une autre possibilité. Alors l'information croît et le récit repart. Beaucoup d'inventions savantes procèdent d'une expérience qui, résolument, se mit, en refusant de dire le prévu, à interrompre la redondance. Vive l'erreur et le faux ! L'histoire des sciences, alors, se raconte comme la série imprévisible des visions du monde qui basculent pour des rendez-vous manqués. Au sein même des sciences de la précision et de l'exactitude, nous retrouvons, comme dans tout autre récit, la rupture de la loi, la désobéissance à la règle, ce qui place un grain, une épine dans un canal plat. Sans ce faux, l'histoire de la science vraie n'eût pas même commencé. Elle n'eût, de surcroît, jamais rebondi.

La falsification ne cesse d'ouvrir un deuxième chant dans la science en marche, comme la désobéissance d'Ève ouvrit le second chapitre de la Genèse. Et, malgré la distance entre ces deux régions culturelles, pour de semblables raisons. L'expérience falsifiante tient, dans le récit du savoir, un rôle isomorphe à celui que joue, dans le jardin-paradis, l'irruption du Mal, du malheur, de l'accident, de la chute ou, plutôt, de l'inclinaison dans la chute. La contingence prend mille masques : ici, du faux, là, du Mal, ailleurs de l'improbable... en tout de la désobéissance. Beaucoup d'Èves hantent nos laboratoires ; un pourcentage important de prix Nobel, couronnés vieux, souffrirent, dans leur jeunesse, de projets refusés par les commissions *ad hoc*, présidées par des dieux redondants qui raisonnaient juste. L'histoire des sciences repasse-t-elle l'histoire sainte ? Nous suons, souffrons, mourons ; trompés, nous nous trompons, avons tort et découvrons, étonnés mais rieurs, que ceux qui prétendent avoir toujours raison bégaient leur redondance.

Si vous répétez, dans la recherche, ce que l'enseignement vous enseigna, vous ferez une carrière honorable dans l'Université, où l'on respecte les citations, c'est-à-dire la copie du Même. Si, au contraire, vous bifurquez, vous risquez de connaître le sort des Mendel, Semmelweis ou Boltzmann, géniaux précurseurs, méconnus et persécutés, acculés à l'ombre ou au suicide. À la génération suivante, l'on vous vénérera, mort, comme prophétique et révolutionnaire. Même dans les inventions, la victime devient, après sa mort et son bannissement, un dieu par apothéose.

Je voudrais, pour finir, redresser un mot de Galilée. Il jugea le monde écrit en langue mathématique. Cette intuition inaugura la science moderne. Philosophes et savants ne revinrent jamais sur cette formule, puisqu'ils ne cessèrent de rédiger, avec les succès que l'on sait, cette langue-là. Je la pratique aussi, l'admire et l'honore. Mais je crois, maintenant, que la mathématique exprime le format du monde. Elle en dit moins la langue qu'elle n'en décrit le format. Le monde parle, il écrit même, certes, parfois mieux que nous, plus exactement et plus loyalement que nous – puisque le Grand Récit, exact, lit cette écriture –, mais, en tout cas, pas comme nous, qui parlons en langues, écrivons en lettres, notes, sons ou éléments quelconques et conventionnels et construisons des langages. Il donne un format. Le donné se donne sous format ; le construit s'écrit ou se parle. La nature se formate, la culture se dit ou s'écrit. Ainsi, nos mathématiques disent, expriment, écrivent, décrivent, explicitent, présentent, analysent, montrent, démontrent le format du monde.

Plus généralement, ce que nous nommons le sujet me paraît se fondre dans le format. Je constitue le format de mon autobiographie, de ce que je et d'autres racontons de moi ; le format, non le gouverneur. Le *nous* constitue, de même, le format de nos histoires, et non leur gouvernement ; le monde et l'homme constituent enfin le format du Grand Récit et non son gouvernail. Mystère ou transparence, Dieu constitue-t-il le format de l'Univers ?

Quatrième variation : la vie

Je tente de raconter, comme au début de ce chapitre, le récit évolutif du vif. Il pleut des éléments et des lettres, disais-je tantôt, parlant de l'Antiquité. Pour le savoir du jour, des atomes simples et des molécules composées se rencontrent et se heurtent pendant des milliards d'années, selon des lois répétitives, celles de la chaleur, entropie ou refroidissement, celles de la gravité, attraction ou répulsion, d'autres encore, itérées à l'identique dans tout l'univers. L'alphabet des corps simples comme celui de ces composés-là, d'une simplicité admirable, se répètent autant que l'on voudra. Il pleut donc des lettres, pour nous, chimistes, comme il pleuvait des atomes, chez Lucrèce, physicien. Soudain, apparaissent quatre acides aminés, dont certaine combinaison jouit d'une étrange faculté, celle de se répliquer.

Là ne réside pas l'événement, car rien encore ne change, puisque, locale ici, comme globale pour les lois physiques, la réplication répète le règne du Même. Alors que les lois de l'inerte continuent, de leurs redondances, d'occuper l'univers global, commence, localement, un nouveau récit, biochimique quant à lui, dès la première erreur de traduction, dès que la répétition se trompe, dès la première faute, dès la première mutation, qui joue ainsi le rôle d'une autre inclinaison, aussi improbable, aussi hasardeuse, aussi minuscule qu'elle, mais erronée, mais désobéissante, mais falsifiante, mais monstrueuse, *hopeful monster.* La mutation, alors, ici et là, temps et lieux incertains, ne cesse de lancer des recombinaisons échevelées, quoique souvent économiques, d'où s'ensuivent l'évolution et le développement où naissent, changent et disparaissent les individus et les espèces, en un récit qui tente sans arrêt, en les déployant, autant de recombinaisons, inventées par ces bifurcations mutantes.

D'autre part, présente et active, la pression de sélection taille et tranche dans ces inventions, les filtre par l'itération nécessaire de la mort ; répétitive, redondante, tragiquement performative, la loi sélective n'a rien de plus à dire que ses monotones tueries. Jacques Monod disait : le hasard se mêle à la nécessité. Imprévisible, contingent, mortel, le vivant incarne et prépare la contingence de l'histoire, aussi mortelle, aussi imprévisible que lui. Racontez la biochimie comme un récit ; relatez la biochimie comme la vie ; récitez la biochimie comme le temps.

À nouveau sans paradoxe, voilà quatre modèles isomorphes : deux anciens récits, la Genèse et celui de Lucrèce, physique, et deux plus récents, néodarwinien et renaissant, celui-ci stable et inerte, celui-là évolutif et vivant, soit quatre récits où le redondant et le contingent se mélangent, où le hasard fait jaillir le récit à partir de la nécessité. Ève contredit la règle du performatif ; l'obliquité du *clinamen* barre la loi verticale de la gravité ; la falsification fait bifurquer la norme ; la mutation trahit la traduction. Péché, absurdité, faux, erreur. Un trou s'ouvre par où sourd du bruit, commence l'ensemble des récits. Et si nous rangions Ève, notre mère, parmi les *hopeful monsters* ? Une même loi rend jumeaux des récits que nos débats opposent. Ainsi, variant quatre fois sur un thème imprévisiblement commun, j'invite à rire des batailles qui opposent plutôt des mal-comprenants, frères ennemis dont parle l'une des prochaines variations.

La communication : bilan temporaire

Tout autant que les récits intimes et les histoires collectives, les sciences dures ont donc affaire à un continuum nécessaire autant qu'à un discontinu d'aléas. Sciences : voilà du Newton, du Einstein, mais voici des *quanta*. Récits : voilà un drame fatal, mais voici des circonstances rencontrées.

Je le pressens depuis un demi-siècle, la communication et ses contraintes aident à une synthèse entre les logiques pures et abstraites, les sciences expérimentales et la littérature générale des phénomènes culturels. Je le répète pour faciliter le canal de mon propre message : le lit du flux, le fil de tout message – le système universel, la ligne continue, l'abstrait général, le nécessaire… – contrarient son contenu informatif – le singulier, le contingent, le détail du concret, les paquets de *quanta*, les grains assourdissants du chaos, le hasard lui-même… Assumée, gérée, tenue en tout cas, cette contradiction de deux lois ou de deux univers, propres au travail du langage comme à notre expérience du temps, et dont le rapport, tendu, varie d'un domaine à l'autre, construit l'ensemble de ce que nous communiquons en lui, avec lui et par lui.

Par quatre variations sur ces deux termes, j'ai commencé de déployer un spectre, objectif et cognitif, au sens du spectre des couleurs, où chaque bande colorée se compose de l'une de ces variations. Parti, pour le moment, d'un récit passant pour symbolique ou même mythique, il continue, paradoxalement, par des savoirs plus avérés, physique, ancienne ou moderne, biologie. Par d'autres variations ou bandes, je vais le pousser, encore, de la logique la plus dure à des genres littéraires doux.

Mais je conclurai surtout qu'absolument nouveau, le Grand Récit présente à la fois le comble du nécessaire et le comble du contingent, l'optimum de l'universel – toutes les lois de toutes les sciences – et le maximum des singularités – toutes les circonstances qui adviennent dans le temps de l'univers et sa minuscule queue d'histoire.

Ponte-t-il, ainsi, le spectre global des messages, qui sépare le langage logico-mathématique des circonstances contingentes et chaotiques du récit événementiel ? Peut-être, car sa nouveauté vient de ce que, par un renversement inattendu qui caractérise l'épistémologie de notre temps, les lois les plus rigoureuses y deviennent, justement, des circonstances contingentes. Sur une échelle gigantesque, son temps déploie une sorte d'arborescence où, sur les lois exactes de la mécanique quantique, de la relativité, de l'astrophysique se greffent, s'entent, se connectent, de manière inattendue et imprévisible, celles, aussi exactes, de la mécanique générale et de la géophysique, sur lesquelles se greffent ou s'entent, contingentement, celles de la biochimie, tout aussi précises, celles des espèces vivantes, d'où surgit l'humanité... chaque bifurcation faisant advenir des lois nouvelles pour un temps nouveau. Ainsi présente-t-il un buissonnement contingent de nécessités connectées. J'y reviendrai.

Aménagement de la cinquième variation

Mais voici, de nouveau, passé en revue et résumé, le spectre annoncé. Pour le dessiner, j'ai commencé par varier sur l'un des plus anciens récits qui aient formé ma culture. Globalement, la Bible projette, je l'ai dit, le dessein universel dit par le verbe divin sur les détails du monde, sur la liberté des individus et celle d'un groupe, sur la contingence de leurs actes ; la parole monothéiste modèle des événements le plus souvent rebelles à sa loi : rois désobéissants, peuple épris d'idoles. Cette projection, où s'allient et se contredisent les deux éléments ici mis en lumière, produit l'histoire sainte.

En exemple singulier, le tout début de la Genèse, objet, aujourd'hui, d'un absurde débat, se divise, je ne l'ai pas dit, en deux parties, dont les érudits affirment, de façon plausible, qu'elles puisent, au moins, à deux sources distinctes. La première, stylistiquement scandée, à portée cosmogonique, ne donne la parole qu'au Dieu créateur ; l'ordre y règne, plusieurs divisions séparent le ciel et la terre, lumière et ténèbres… et produisent toutes choses ; l'homme et la femme prennent place, en fin de semaine, dans une harmonie logique ; des répétitions, refrains ou ritournelles, comme psalmodiées, y assurent une cohérence et une parfaite mémorisation. Voilà une rigueur, des lois, bref, ce qui caractérise à la fois la redondance, le format du canal et la nécessité.

Dans la seconde partie, au contraire, Dieu dicte peu, sauf pour interdire ou pour aider, alors que le serpent, la femme et l'homme prennent, à leur tour, la parole ; un style hésitant, complexe, intriqué finit par un acte imprévisible, fruit de cette contingente liberté qui va devenir à la fois la matière et l'obstacle des réalisations difficiles du dessein divin dans l'histoire humaine. Pourquoi ce besoin de deux sources, puisque les deux principes du récit mobilisent son *incipit* ?

Producteur de l'histoire au sens usuel, je vais le dire, ce récit prophétique des juges et des rois raconte, ensuite, comment la transcendance, la toute-puissance, la providence et leurs lois souveraines tentent de sculpter une immanence traversée de séditions indociles. Issu de la parole d'un Dieu unique, ce projet transhistorique culmine dans l'Incarnation, où, en une seule personne, coexistent l'éternité divine, toute-puissante, et la faiblesse humaine et mortelle, la contingence et la nécessité. Jésus-Christ incarne en sa personne le héros de tout récit.

Cinquième variation : les histoires

Substitué à ce projet de Dieu, un quelconque sens de l'histoire, dicté par quelque philosophe ou autre idéologie, tente, plus tard et à son tour, d'orienter lesdits événements selon sa ligne de force. Les récits de Condorcet, de Hegel ou des marxistes laïcisent ceux de la Bible, de Pascal et de Bossuet. L'historien, je le répète, trouve toujours, dans la masse immense des faits survenus, assez d'événements propres à confirmer sa thèse. En toutes ces histoires, fausses ou vraies, imaginaires ou probables, qu'importe, la plus rationnelle comme la plus événementielle, apparaissent et suscitent le plus vif intérêt des personnages dits providentiels, génies, saints, héros sublimes dont l'existence, vouée, incarne mieux que d'autres l'idéologie en cours. Variés mais constants, reviennent les deux éléments du récit, quelquefois charnellement noués en des hommes et des femmes, à leur tour canoniques. Du coup, je reprends à la fois mon chapitre sur les récits collectifs et la première de mes variations. Les trois qui la suivirent poussèrent vers les sciences dures, du côté, quasi divin, de la nécessité ; je l'incline maintenant vers les douces, plus humaines, sur le versant de la contingence.

Expulsés du paradis, comme Ève, les prophètes écrivains d'Israël inventèrent donc, après elle, l'histoire telle que nous la concevons et pratiquons ; sans doute nous entraînèrent-ils dans l'idée qu'elle ne commence qu'avec l'écriture ; sans l'intention divine, sans le contrat d'alliance entre le peuple hébreu et Yahweh, sans l'attente prophétique du Messie, bref, sans intention et sans finalité, pourrions-nous entendre, de la suite des temps, autre chose qu'une incohérence pleine de bruit et de fureur, que seul un idiot pourrait raconter ? Pour qu'une voix puisse émettre un récit recevable par une oreille humaine, pour qu'un temps se déploie, bref, pour qu'il y ait histoire, ne faut-il pas, tout justement, allier, en quelque façon, une multiplicité de circonstances granuleuses sans ordre ni cohérence, d'une part, à une répétition quelconque dont le retour assurerait le passage du message, au moins, son existence et son sens, au plus ? Le cri, le dit, l'écrit, la musique des prophètes juifs émettent cet appel en retour, cette constance, une invariance qui injectent de l'ordre et un semblant de paix, dans le désordre inouï des mésententes et rivalités, violences et jalousies. Du fond des âges, l'Occident ne cessera d'entendre, de recevoir et de transmettre cette leçon, cette figure, ce message, relayés par l'accomplissement chrétien. Certes, il hérita des Grecs le *logos*, parole de proportion et de mesure, issue des figures de la géométrie, mais il reçut de la Bible, en d'autres figures, la parole qui ordonne et qui conçoit le temps.

Désuètes, les discussions contemporaines à propos du vivant viennent de la difficulté que nous avons à inventer un récit autre que celui de l'histoire telle que nous la léguèrent les prophètes, à concevoir un temps purement contingent, c'est-à-dire privé d'une intention qui tienne ensemble des éléments épars. La question revient à celle-ci : pouvons-nous penser, oui ou non, une répétition, une règle... sans finalité, au fond sans anthropomorphisme ? Les lois qui règnent sur le Grand Récit, celles des mathématiques, de la physique, de la biochimie... l'ensemble des raisonnements que j'utilise ici, comme l'invariance par variations... supposent qu'en éliminant cette difficulté, en concevant donc des lois dont la flèche, même irréversible, se prive de toute intention, des règles formelles sans l'anthropomorphisme d'un dessein, tout devient d'une clarté limpide et apaise les batailles en une synthèse admirable.

Ceux qui voient Dieu nourrir sans cesse un même dessein me paraissent médire de Son intelligence ; cette répétition têtue, donc sans information, désignerait plutôt un entendement médiocre. Prévisible, un sot ressasse en refusant ou en rabotant la fraîcheur imprévue dont l'éveil caractérise le sagace. La bêtise se caractérise par une prévisibilité dont la redondance la rapproche de l'instinct des automates génétiques ou des lois de la pesanteur, alors que l'intuition claque, improbable, somptueusement. Si Dieu existe et pense ou crée, j'imagine – victime du même anthropomorphisme que ceux dont je ris –, j'imagine, dis-je, que, follement intelligent, Il aime tout ensemencer de neuf et d'inattendu. Que penser d'une omniscience redondante, qu'espérer d'un paradis répétitif ? La folle prolifération des formes contingentes et imprévisibles du vivant bifurquant sans crier gare sur la prolifération, aussi folle, dans l'univers, de formes inertes, plus la prolifération, plus folle encore, de formes improbables et contingentes de la pensée innovante, ce festin surabondant de multiplicités déconcertantes, subites, inopinées, induisent en moi une allégresse et une plénitude si proches du divin que j'ai plutôt tendance à projeter en lui ces attributs qu'à lui laisser cette vieille, raide et sotte redondance. La joie débordante de l'intelligence jaillit de l'omnitude des nouveautés.

Revenons au temps, fléché quant à lui, inventé par la Bible. Laïcisées, les lois que l'on tente d'appliquer à l'histoire pour lui donner un sens, ne font, en effet, que varier sur le projet divin tel que Bossuet, par exemple, le reprend des prophètes, le répète et le traduit dans son *Discours sur l'histoire universelle*. Individuelles ou politiques, les actions humaines se comprennent, dit-il, si et seulement si les meut l'invisible main de Dieu.

Savant et théologien, Blaise Pascal redresse cette idée en l'appliquant aux progrès de la raison. Lorsqu'il décrit les générations comme grimpant, successivement, sur les épaules des précédentes, pour voir plus loin à chaque échelon, il traduit en clarté humaine croissante l'accomplissement du projet divin. Il donne le progrès aux hommes dont les travaux tressent une nouvelle échelle de Jacob.

Cette laïcisation ne va plus cesser, en laissant stable, sous des apparences différentes, la direction du projet. Le tableau que Condorcet, déjà cité, peint des progrès de l'esprit humain retraduit le souffle de l'inspiration biblique en découverte savante. La série des inventions, dans les sciences, a-t-elle un sens, va-t-elle quelque part, peut-on la dire douée d'intention, l'investissons-nous dans le bonheur humain ? La question nous importe encore aujourd'hui. En travaillant le temps, en lui rendant une cohérence et un sens, la raison prend, depuis les Lumières, le relais du Dieu créateur ; elle remplace le dessein divin décrit par les prophètes. Nous nous produisons nous-mêmes collectivement.

Cette loi de raison, variable, qu'elle s'appelle lutte des classes ou invisible main du marché, reprend, à gauche ou à droite, chez Adam Smith ou Marx, l'idée d'une règle nécessaire, appliquée répétitivement à toutes les circonstances hasardeuses du temps, pour lui donner la consistance d'un récit ou d'une histoire. Une fois choisi le nom de cette providence de substitution, la multiplicité du détail historique suffit largement, nous l'avons vu, pour y découvrir mille vérifications de son efficace. Ainsi conçue, l'histoire vérifie toujours sa loi, mais ne la falsifie jamais ; voilà pourquoi, mauvais ou bon récit, elle n'accédera jamais à la science. Bref, il s'agissait de composer sans cesse une *Légende des siècles* – comment faut-il lire leur durée ? – pour la transformer en un récit dicible. Et comment définir une loi de l'histoire sinon comme une redondance injectée dans autant de circonstances ?

Parmi ce désert répétitif, le prix d'astuce revient à la dialectique de Hegel. Le croisement du Même et de l'Autre, rencontré aussi bien chez Lucrèce, matérialiste, que chez Platon, idéaliste, autant chez les astronomes que chez les théologiens, Hegel ne le place pas seulement, initial, géant ou minuscule, comme ses prédécesseurs, à l'origine du monde et une fois pour toutes, mais le détaille, en petite monnaie, pour le réinstaller ici, là, maintenant, par tous lieux et temps, ou, mieux, le fait travailler localement pour produire le temps de l'histoire. L'alliance du hasard, antithèse de la thèse, du négatif, malheur et fausseté, avec la nécessité, thèse redondante, se fait *hic et nunc* sans cesser de se reprendre, pour rendre mobiles ces ici et maintenant. Ensuite, au sens du calcul infinitésimal, Hegel intègre l'ensemble de ces croisements, de ces oppositions, de ces avatars, de ces pièces et mouvements locaux, en un tableau-fleuve général. Avait-il lu Laplace, Lagrange et les mécaniciens français du XVIIIe siècle, en particulier Poinsot, l'auteur d'une théorie des couples, où deux forces s'opposent en un schéma simple et mobile, comme chez le philosophe, pour expliquer tous les mouvements locaux, intégrés jusqu'à placer, au centre du monde, un couple universel qui le meut en entier ? Local et global, le travail du négatif fonctionne dans le temps comme ce couple dans l'espace.

Dans cette suite de traductions d'un modèle initial, puis-je trouver une amorce de solution à la question posée plus haut ? Oui : cette laïcisation progressive du kérygme prophétique gomme la présence divine pour n'en conserver qu'un dessein, diversement décliné : croissance rationnelle des Lumières, avènement du règne de l'esprit, société sans classes, victoire du prolétariat, règle du marché… Peut-on mettre, à nouveau, entre parenthèses cette conception expresse d'une finalité pour ne garder, en fin de compte, qu'une intégration, large et souple, de contingences ? Peut-on s'appuyer, pour ainsi penser, sur les phénomènes chaotiques, dont on sait la nécessité, lorsqu'on les considère, en arrière et comme passés, mais dont on connaît, aussi bien, pour le futur et en avant, l'imprévisibilité ?

Autrement dit : le prophète annonce un Dieu transcendant et nécessaire, dessine son dessein, pleure sur le hasard du détail contingent et déplore le Mal à combattre, dont ce dessein divin doit triompher. Ne conservant, par un premier filtrage, que la part immanente de cet héritage, les philosophes de l'histoire dont je viens de parler, ainsi baptisés par Voltaire dans son *Essai sur les mœurs*, dessinent, à leur tour, un dessein, mais humain et collectif, énoncent donc une loi aussi nécessaire, qui aide à combattre le hasard, l'erreur et le Mal. Par un nouveau filtrage, nous ne conservons, quant à nous, de cet ultime héritage qu'une nécessité rationnelle, relue vers l'amont, liée à la contingence improbable, illisible en aval ; nous conservons seulement les jaillissements multiples de récits contingents. Nous ne cessons enfin de poser, pathétiquement, la question du Mal.

Sixième variation : anthropologie des religions

J'admire les multiples avatars d'un modèle qui ne cesse de reparaître et que revoici, maintenant, non plus jeté à travers le monde, au sein du vivant ou lancé comme un moteur du temps et de l'histoire, mais au travail dans le secret des poitrines, de nos désirs et des haines humaines, dans le sacré des cultures et la piété des religions, dans le subjectif des consciences et le collectif des groupes, à propos, justement, de la question du Mal.

D'où procède sa violence ? demande René Girard. Du mime, dit-il. Donc à nouveau : de la répétition, de la redondance, du même. Pourquoi femmes et hommes suivent-ils une mode vestimentaire ou intellectuelle ? Pourquoi l'obéissance volontaire fonde-t-elle les pouvoirs ? Pourquoi nous prosternons-nous devant les grandeurs d'établissement ? Anthropologique et tragique, le modèle de René Girard nous invite à découvrir, d'abord, la première glu dont l'adhérence fait une bonne part du lien social et personnel : ce mime, dont les gestes et conduites, les paroles, les pensées nous rapprochent de nos cousins les singes, chimpanzés ou bonobos, sur lesquels, *Aristoteles dixit*, nous l'emportons en imitation.

Du mime découlent nos désirs. Tel aime la maîtresse de son ami ou l'ami de sa maîtresse ; tel autre jalouse la place de son proche voisin. L'état d'égaux crée une rivalité qui, en retour, nous transforme en jumeaux, réattisant à la fois la haine et l'attirance. Le paysage entier des sentiments violents, des émotions de base, divers et coloré en apparence, jaillit de cette gémellité uniforme. Nous désirons le même, le désir nous fait mêmes, le même fait le désir, qui se reproduit, monotone, sur la double carte de Tendre et de Haineux. Nous imitons, nous reproduisons, nous répétons. La réplication diffuse le désir individuel et les cultures collectives comme les gènes de l'ADN reproduisent et différencient la vie.

Voilà l'un des grands secrets de la culture, spécialement de celle que nous vivons, parce que nos grandes révolutions – taille de la pierre au paléolithique, écriture dans l'Antiquité, imprimerie à la Renaissance, industrie de chaînes et de séries depuis deux siècles, nouvelles technologies, plus récemment – inventèrent toutes des codages dont la surabondance envahissante caractérise notre société de communication et de publicité. Ces réplicateurs, dont la similitude excite et reproduit le mimétisme de nos désirs, semblent imiter, à leur tour, le processus de reproduction de l'ADN vivant.

Le danger majeur que courent nos enfants, le voilà : nous les plongeons dans un univers de codes répliqués, nous les écrasons de redondance. La crise de leur éducation, la voici : fondé sur l'imitation, l'apprentissage enseigne à devenir des singularités inimitables. Tonitruants, les médias, la publicité, le commerce, les jeux répètent, au contraire : imitez-moi, devenez les véhicules automatiques de la répétition de nos marques, pour que vos gestes répétés multiplient en les répétant nos succès commerciaux. Timide, quasi sans voix face à ces potentats, l'éducation souffle : n'imitez personne que vous-même, devenez votre liberté. Devenue pédagogique, notre société a donc rendu l'éducation contradictoire. La crise de la création, la voici enfin : dans un univers de réplicateurs, de modes et de codes reproducteurs, de clones bientôt, l'œuvre inimitable reste cachée jusqu'à la fondation d'un nouveau monde. Par ce mimétisme, la culture humaine amplifie ou généralise l'un des secrets de la vie, elle-même toujours répliquée.

Alors que nous n'avons pas de mots, dans nos langues, pour dire un objet, une forme, une conduite humaine ou même un mot… doués, outre leur utilité, leur sens, leur beauté, doués en outre, dis-je, du pouvoir de se répliquer, nous ne cessons d'en fabriquer, d'en concevoir et de les propager. Comme nous n'avons pas ce mot, il faut l'inventer. Jadis, et de toutes pièces,

Platon construisit le mot idée ; il y a idée d'un objet, d'une forme, de n'importe quoi. Tous les lits du monde, dit le philosophe, imitent l'idée de Lit ; tous les ronds du monde imitent l'idée de Cercle ; mieux encore, il ne le dit pas, mais je le répète, tous les lits et tous les ronds du monde s'imitent ou se répètent entre eux. Or, formulée à la façon de Platon, l'idée exprime tout sauf l'étrange moteur qui la fait se reproduire pour produire tous les lits ou tous les ronds du monde. Elle sculpte l'idole sans faire voir sa puissance de réplication.

Pourquoi ne pas dire *idème* ? Beaucoup d'auteurs, aujourd'hui, surtout de langue anglaise, et en référence à l'ADN et à sa puissance égoïste de réplication, proposent de construire une science *mémétique*, désespérant pourtant, disent-ils, de découvrir un *mème* pour le photographier. Certes, ils n'y parviendront pas, puisqu'il s'agit, depuis les platoniciens, d'un opérateur universel, théorique à la fois et appliqué, d'un modèle et d'une image, c'est-à-dire d'une idée. Appelons-la idème, mot bien formé sur idée, certes, mais aussi sur la désinence de théorème ou de phonème ; de plus, par sa parenté avec l'*idem* latin, elle fait voir l'étrange dynamisme de réplication qui fait tout le secret de sa propagation. Si répétée depuis, commentée, critiquée, louée ou ridiculisée, devenue même si commune, l'idée de Platon eût dû déjà se nommer idème. Elle présenterait alors deux volets : son sens, son contenu, sa densité, voire sa beauté, son caractère inimitable, son universalité même, d'une part ; de l'autre, sa puissance motrice de propagation, son caractère imitable, donc une autre universalité, faisant le pont entre l'inimitable et l'imitable. Plongés parmi une culture *idémaliste*, nous avons le plus grand mal à discerner, dans une idème actuellement produite ou énoncée, sa pureté singulière de son avide capacité, parfois dévastatrice, d'envahissement de l'espace et du temps.

Derechef, d'où viennent la violence et le Mal ? Du mime, du même, derechef. Il pleut du même dans les champs du désir, de l'argent, de la puissance et de la gloire, peu d'amour ; il pleut du mime, des mêmes ou des idèmes, comme il pleuvait jadis, dans le vide, atomes, paroles ou lettres, pour la fondation du monde. Or quand tous désirent le même, s'allume la guerre de tous contre tous. Nous n'avons encore rien à raconter que cette jalousie haineuse du même qui oppose doubles et jumeaux en frères ennemis. Quasi divinement performative, l'envie produit, devant elle, indéfiniment, ses propres images, à sa ressemblance. Les trois Horaces ressemblent aux Curiaces triples ; les Montaigus imitent les Capulets ; saint Georges et saint Michel miment le dragon ; l'axe du Bien agit symétriquement, selon l'image, à peine inversée, de l'axe du Mal. Ainsi généralisé, couvrant tout l'espace par l'imitation, le conflit risque de supprimer les guerriers jusqu'au dernier. Épouvantés de cette possible éradication de l'espèce par elle-même, tous les belligérants se retournent, parmi cette crise, contre un seul. Des humains en foule tuent l'humain unique, en un geste d'autant plus répété que les meurtriers ne savent ce qu'ils font.

Alors, mais alors seulement commence le récit : celui que racontent à la fois le Livre des Juges (XI, 34-40) ou la tragédie grecque et qu'à mon tour, enfin, je puis relater. Si je gagne cette guerre, supplie Jephté, général des armées, j'offrirai au Seigneur en holocauste la première personne que je rencontrerai. Si les vents se lèvent à nouveau pour virer mes voiles vers Troie, prie Agamemnon, amiral de la flotte, je sacrifierai, sur les autels de Neptune, le premier qui viendra vers moi. Une bonne brise enfle la voilure des vaisseaux de guerre grecs et ce père, roi des rois, voit venir vers soi sa propre fille Iphigénie. L'armée juive écrase les fils d'Ammon et, dansant et jouant du tambourin pour fêter la victoire, sort de sa maison, à Miçpa, la fille de Jephté soi-même, courant, joyeuse, vers son père triomphant, mais déchirant ses vêtements. La vie, le temps, les circonstances et l'histoire tirent au hasard ces premières venues. Les fils et les filles, toujours les enfants. La victime de la violence paraît se tirer à la courte paille, mais, toujours, le sort tombe sur le plus jeune, sur le mousse, voilant ainsi le secret de la guerre : le meurtre de la descendance, dont l'organisation, par ces pères ignobles, se cache sous l'aléa.

Dans les plaines mornes des batailles et chamailles des mêmes contre les mêmes, tous deux désirant le même, sans nouvelles donc et sans information, monte, alors, et jusqu'au ciel, le plus improbable des messages, au comble de la cruauté. Les pères deviennent les pires, au cours de récits où le même, nécessaire, croise la mort, au hasard ; mal qui apparaît au même lieu que la désobéissance d'Ève parmi le performatif redondant ; que le *clinamen* de Lucrèce par la pluie parallèle des atomes ; que la falsification de l'expérience contre la répétition des lois ; que la mutation à travers la réplication ; que l'improbabilité des circonstances historiques dans une quelconque mainmise, même dite invisible. Anthropologique et tragique, le modèle de René Girard varie, à nouveau, sur l'invariance de tantôt : le récit devient possible par l'intervention du hasard parmi la nécessité.

Septième variation : la littérature

Je lis les aventures d'Ulysse sur la mer divine... Parvenu à ce chant, j'ignore encore s'il fera naufrage ou touchera Ithaque et sa femme. J'ai hâte de connaître les amours de Jacques, fatalistes et contingentes, celles, mornes, de Madame Bovary... le nom de l'assassin. Le premier élément, la loi universelle, l'auteur de ces récits le tient en main, comme une omniscience ou comme le savoir absolu, alors que, lecteur, je passe, aveugle, d'épisodes en péripéties. Même quand il joue à ignorer, le narrateur sait ; l'auditeur voyage au bout de sa nuit. Le premier condescend quelquefois à partager ses lumières avec le second, à lui présenter tout de suite le grand argentier du roi comme le propre frère de ces misérables affamés, venus de loin, en Égypte, quérir quelque grain pour subsister, mais alors les personnages eux-mêmes restent dans l'ignorance. Une transcendance nécessaire voit ; l'immanence incohérente vit devant un voile. La tension du récit entre ces deux pôles, entre ces deux rôles, aveugle et voyant, hasard et nécessité, où qu'ils se placent, ménage une déchirure, un puits de visite, un regard, dont la lueur ressemble à l'aube de la connaissance. L'appétit de savoir passe, tendu, par cette ouverture-là, ménagée entre lumière et ténèbres, dont le clignotement, les occultations et les éclats, guident, comme un phare, notre errance et ses erreurs.

Non seulement le récit constitue et le *je* et le *nous,* mais il institue des jeux subtils, aussi passionnants et aussi sérieux que ceux de cache-cache ou de colin-maillard, par où la connaissance commence. La passion universelle des femmes et des hommes pour les contes, celle des enfants le soir pour les histoires d'enchanteurs et de fées, celle de leurs parents, happés par un suspense, celle d'une assemblée face à un diseur habile, un orateur éloquent, une pièce de théâtre, un écran de cinéma… et voilà que s'éveille une curiosité aussi brûlante qu'aiguë. Loin de la mépriser, le premier chapitre d'un traité de sciences cognitives devrait traiter de littérature, comme piège épistémogonique : faux ou vrai, je le répète, imaginaire ou réel, sage ou fol, qu'importe, le récit accouche, par cette ouverture, de la fringale humaine pour la cognition. L'auteur joue, au sens du jeu ; le lecteur jouit, au sens du plaisir ; le récit met du jeu, au sens mécanique, entre l'omniscience et ces tâtonnements. Ils miment ensemble l'état réel du savoir exact. Tuez la littérature, votre tradition sociocuturelle ne produira plus, à terme, ni savants ni science.

Soit donc à la reconsidérer, en reprenant le double fil de hasard et de nécessité. Le développement d'une épopée antique, d'une tragédie grecque, renaissante ou classique, entraîne ses personnages, *volens nolens, invitus invitam*, vers un destin malgré tout et malgré eux tout aussi fatal. Achille, Hippolyte ou Phèdre, le roi Lear courent à l'aveugle vers une mort que l'on craint mais que l'on devine mieux qu'eux. Toujours, une continuité plus claire et parfois nécessaire agrège mille événements d'un groupe ou d'une vie, ambigus, malvoyants, héroïques. De même, les aveux intimes des autobiographies indiquent une ligne, signant au moins l'identité de celui ou de celle qui se confesse, et dont la direction donne sens et cohérence aux circonstances racontées, aux traverses rencontrées, aux émotions éparses, aux affects parfois contradictoires. Épopée, histoire, phénoménologie de l'esprit, légende des siècles, roman d'amour, d'épée ou de police, action théâtrale, scénario de film, représentations en toutes sortes de médias… quel genre pourrait se priver de cette tension, destinale et cognitive, entre un fil conducteur déployé quasi nécessairement, en mouvement vent arrière qui entraîne, et cent cailloux de rencontres au hasard, sur lesquels trébucher... pourrait manquer de cette application, plus ou moins réussie, de cette tangence de ceux-ci sur celui-là, ou de celui-là sur ceux-ci ? Des multiplicités circonstancielles, parfois de sens opposés, s'orientent ensemble, à l'aise ou difficilement, selon telle ou telle attraction. Pas d'information sans canal ; pas de message sur le canal seul. Sinon, la multiplicité pure des grains s'éparpillerait en un chaos grésillant comme un bruit de fond ou en une violence sans règle ; ou, inversement, la répétition pure et simple, uniforme et stérile, lasserait, endormirait, perdrait même tout sens par l'unicité même de la direction, ou se déploierait en une violence uniforme et sans obstacle. Le suspens s'attache au point de tangence de la contingence, bien nommée, à la nécessité.

Mal, reprise

D'où l'usage du Mal qui déchire à coup sûr l'unité formelle. Comment ne pas s'étonner de ce que les bons sentiments ou les histoires édifiantes fassent de si mauvais récits, ennuyeux, stupides, même involontairement comiques ? La raison se trouve dans l'équilibre des deux éléments formant le message. La Bible place la connaissance du Mal au commencement de l'histoire. Mais, à tout prendre, tout récit exige un décrochement de la répétition, demande non seulement des circonstances contingentes, mais surtout quelque événement propre à rompre la monotonie de la nécessité, qui casse le règne de sa loi. Soudain je regrette de me répéter moi-même. Je reprends, hélas : pas de récit sans redondance, certes, pas de message sans canal ; mais pas de récit non plus sans rupture de cette même répétition. Que Dieu parle et les choses apparaissent, certes. Mais le premier chapitre de cette Genèse ne saurait durer. Au-delà d'une semaine, je me répète toujours, il ne donnerait plus aucune information. Ne vous scandalisez pas que la création biblique bâcle sa besogne si rapidement ! À ce rythme redondant, son récit s'épuise vite, qui ne fait que répéter indéfiniment le performatif de la parole divine : *fiat, fiat...* canal certes excellent, mais canal vite vide. En comparaison, le Grand Récit dure des milliards d'années parce qu'au moins en son début, son message se sature de lois différentes tous les millionièmes de seconde. La rareté pullule ici ; là règne la répétition psalmodiée. Or voici que la parole, omnisciente de redondance, va perdre, tout à coup, son pouvoir souverain : une femme se lève et tourne l'interdit. Oui, pour que tout récit commence, il faut qu'une information rare entre dans son canal, qu'une singularité rompe sa généralité. Il n'y avait qu'une loi ; un grain minime brise sa ligne. Puisqu'il faut bien, pour que notre histoire commence, qu'une contingence casse le règne de la nécessité, l'écart d'Ève, anti-loi, contre-nécessité... devient alors un élément difficile à éviter dans son économie. Mieux encore et tout justement, il s'agit, devant le serpent et sous le pommier, du commencement de la connaissance. J'y vois la bifurcation primitive que la théorie du récit rend, en effet, inévitable. Désobéir devient un ingrédient majeur de tout récit ainsi qu'un éveil au savoir.

Le Mal, dans le récit, joue, nous l'avons vu, un rôle parallèle à la falsification dans l'expérience scientifique. La mécanique céleste, la physique mathématique, l'astro- et la géophysique, la thermodynamique, la biochimie... procèdent-elles différemment, je veux dire selon d'autres règles ? N'appliquent-elles pas telles ou telles lois nécessaires, mathématiquement formulées, à des expériences de ce monde, elles-mêmes liées aux singularités du temps, de l'espace, des mouvements et des forces… telles que l'existence contingente des hommes et des choses les montrent ? Aucune science ne se priverait de cette tension entre un fil conducteur suivant un déploiement nécessaire et mille grains d'états de choses au hasard, sans une application, exacte ou précise, de celui-là, mathématique, sur ceux-ci, expérimentaux. De multiples phénomènes se fédèrent selon telles ou telles équations formelles, successivement écrites par Galilée, Newton, Dirac ou Schrödinger… Pas de connaissance du monde sans ces lois-canaux ; mais pas de science exacte, non plus, sans la messagerie multiple de leurs falsifications concrètes. Nous retrouvons, dans les sciences, la rupture de la loi, le fait qui place un grain ou une épine dans le canal plat. Sans ce faux, pas de science vraie. La falsification ouvre le deuxième chapitre de la science, celui de la contingence, comme la désobéissance d'Ève ouvre le deuxième chapitre de la Genèse, celui de l'histoire. Et malgré la distance entre ces deux zones culturelles, pour de semblables raisons.

Dernières variations et bords extrêmes du spectre

Voilà donc déployé le spectre annoncé. À l'un de ses bords extrêmes, même les mathématiques montrent une lutte rigoureuse entre le logicisme ou le formalisme et une prolifération abondante et raffinée d'« existants » durs, résistants, inattendus et parfaitement « réels » : l'histoire de leur langue fourmille, en effet, de mots qui expriment ces rencontres inquiétantes de « choses » qui se plient mal aux lois qui précèdent : irrationnelles, imaginaires… comme si cette histoire devait sans cesse adapter sa ligne à de sévères falsifications qu'elle ne sait pas tout de suite tourner. Elle ne sait même pas encore comment se distribuent les nombres premiers dans la suite lisse des entiers. Les mathématiciens trouvent devant eux trop d'« existants » de ce genre pour consentir à réduire leur discipline à un pur canal ou au principe d'identité, voire à l'idée absurde qu'il ne s'agirait, là, que de conventions inventées à loisir par notre expérience ou nos idées. Je demeure « réaliste » parce que j'ai pratiqué les mathématiques.

Inversement et à l'autre extrême du spectre, dans le vivant, ni les individus, ni les espèces, ni leur milieu ne se répétant, les sciences biologiques cherchent à minimiser les lois – on dirait qu'elles en ont peur – en maximisant les circonstances et la contingence. Sauf que, depuis quelques décennies, la combinatoire des gènes répète, justement, assez peu d'éléments dans le code génétique pour faire de nouveau signe vers l'universalité.

Des pratiques comme celles de la médecine et du droit procèdent-elles autrement ? Combien de fois, patient, n'ai-je pas noté, comme en réciprocité d'examen, la double tête de celui qui m'observait pour me soigner, dont les deux premiers yeux contemplaient avec une attention tout intérieure son savoir de la maladie pendant que les deux autres scrutaient avec acuité ma singularité de malade ? Un regard vers le nécessaire, l'autre vers le contingent. Combien de fois, voyageur d'Occident, n'ai-je pas constaté la tension, moderne et contemporaine, entre les nations de droit dit anglo-saxon, dont la jurisprudence, quasi inductive, évolue de cas en cas, et les pays de droit romain, dont la juridiction découle, presque déductivement, de principes antérieurement posés : celle-ci plus stable et nécessaire, celle-là plus mouvante et contingente ? Si elle veut la déprécier, l'une dit de l'autre sa raideur et l'autre dit de l'une son cynisme ; on louera, au contraire, la fidélité de la seconde ou l'adaptativité de la première. Reste que, dans les deux pratiques du corps douloureux ou du groupe contractuel, se retrouvent les deux mêmes éléments, des circonstances fluctuantes et du canal aisé.

Sans doute certaine logique formelle fondée sur le principe d'identité, $a \equiv a$, sans doute certaine ontologie, répétant éperdument l'essence de l'Être ou l'existence des étants... peuvent-elles passer pour des canaux purs, infiniment ténus, des messages, sublimes de vide, d'un langage humain aussi privé d'information que la théologie apophatique, répétant tout aussi éperdument ce que Dieu n'est pas ; sans doute, dans le secret, trouve-t-on des pailles en de tels discours, sans doute, l'incohérence des paroles d'un idiot, pleines de bruit et de fureur, sans doute, le tohu-bohu que font les villes, les groupes, les orages, les séismes et la mer peut-il passer pour le contenu, saturé de non-sens, d'une absence de message.

Récits dits littéraires – même religieux, médicaux ou juridiques – ou sciences dites dures, même combat ? Dans les deux cas, il s'agit de lier, avec plus ou moins d'harmonie ou de réussite, l'un et le multiple, le hasard et la nécessité, le τείνω et le τέμνω du temps, l'extension continue et les coupures granulaires. Le fil conducteur d'une histoire héroïque ou d'un aveu intime, la vocation, prétendue ou non, d'un peuple ou d'une femme, la fatalité d'un destin, les amours irrésistibles, les séparations déchirantes, les vengeances sans pitié... suivent une ligne qui recrute, comme un champ de forces, des circonstances éparses et des événements au hasard sans autre lien que celui-là. Mais cette tension entre le continu du fil et la discontinuité des états de choses, nous la retrouvons, quasi telle quelle, lorsque nous appliquons les lois rigoureuses de la logique ou des mathématiques aux états de choses dispersées dans le détail luxueux du monde. Voici le spectre encyclopédique annoncé, dont l'éventail réunit, pour la première fois, sciences dures et récits littéraires, toujours divorcés aux torts réciproques.

La théorie de l'information interpréterait, alors, cet état de fait, en disant que la loi, que l'unité nécessaire, que la redondance commune – fortes ou faibles, les forces, par exemple, se répètent partout dans l'univers – forment comme le canal d'un message, alors que les multiplicités, inattendues et rares, d'un monde fourmillant comme une corne d'abondance constituent son contenu. Il me semble que la culture occidentale oscilla souvent entre le Platon des formes mathématiques et l'Aristote des substances individuelles, entre le Descartes des chaînes toutes simples et faciles de la géométrie et le Leibniz multiple des monades infinies. Irrésistiblement attiré moi-même, au début de ma vie, par le formalisme enivrant des mathématiques, je la finis parmi la réjouissance indéfinie des paysages et des récits du savoir et de l'univers, de l'homme comme espèce et comme individu. J'ai aimé la pureté des canaux simples, je jouis désormais devant la surabondance luxueuse du détail. J'aurai passé ma vie à cette errance émerveillée : traverser le spectre que je viens de dessiner.

Ainsi le Récit reçoit-il un statut nouveau, une valeur ou une dignité cognitives. La démonstration rigoureuse aligne des équations et construit des systèmes; les sciences exactes décrivent les points de tangence entre théories et expériences; le savoir contingent s'exprime en récits. De la cosmogonie qui suit l'évolution de l'Univers à l'évolutionnisme qui relate la descendance des espèces et de l'homme, toutes ces sciences racontent. Le Récit devient un mode canonique du savoir. Enfin, le Grand Récit intègre tout le spectre ainsi déployé.

Originalité, nouvelle, du Grand Récit

Mais il le dépasse. Désormais je puis comprendre et faire voir, par rapport à cette synthèse du savoir traditionnel, toujours lié à un type d'alliance entre hasard et nécessité, nous pouvons enfin réaliser, dis-je, l'étonnante nouveauté du Grand Récit, dont le déploiement renverse la distinction qui préside à l'alliance, dont la variation permet de traverser continûment ce spectre. Si, partout, les contingences s'assujettissent, plus ou moins, à une nécessité, inversement, dans le Grand Récit, les nécessités jouent le rôle de circonstances qui s'enchaînent contingentement.

Qu'arrive-il, en effet, tout au long de cette épopée globale ? À chaque bifurcation, une loi, nouvelle et imprévisible, s'ente sur les précédentes. Elle reste ou devient une loi, mais forme un embranchement. Elle reste ou devient nécessaire, mais s'annonce et s'amorce comme contingente. Dans le cas de tous les autres récits, une circonstance imprévue, un hasard… ouvrent une nouvelle branche, apportent du nouveau et du rare, c'est-à-dire de l'information, et vont lutter pour accepter ou refuser d'entrer sous la loi commune, au moins pour l'infléchir, au plus pour la changer. Ici, au contraire, une loi, parfois rigoureuse, joue ce rôle imprévisible, apporte l'information rare, crée une nouvelle branche. Même l'Univers semble commencer contingentement, par le big bang, et ne retrouve des lois rigoureuses qu'après la bifurcation de la barrière de Planck ; les monocellulaires répandent les règles de la vie sur une planète inerte et bleue, alors verdie ; *Homo sapiens* la met en coupe réglée... En redistribuant, à sa manière, la classification des sciences, le Grand Récit en fait une Genèse contingente. Elles quittent le rôle de canal pour prendre celui de contenu d'information.

Comment cela peut-il se faire ? Je ne sais, mais je peux risquer une hypothèse. Au moins depuis Galilée, nous savons que le changement d'échelle impose, dans l'espace, des transformations inattendues. Certes, il faut fer et ciment et pas seulement du papier pour que tienne un bâtiment de quelques étages, alors que sa maquette se contente de carton ; mais encore, les lois quantiques du microcosme diffèrent de celles qui règlent le monde sensible, à dimensions humaines et astronomiques. À des variations quantitatives dans les dimensions de l'étendue correspondent des changements drastiques de nature et de qualité, même des lois universelles diverses. À grande échelle, voici une orbite ou l'harmonie des lignes d'une carte ; à petite échelle, voilà des mouvements browniens, des sauts quantiques, du fractal et du bruit blanc ; l'échelle statistique détermine la loi des grands nombres ; dans le détail, dominent aléas et brouhaha. Faut-il qu'à l'immense échelle du Grand Récit, la ligne et la loi elles-mêmes se tirent au hasard ?

Faut-il que de semblables transformations s'imposent lorsque nous passons de quelques millénaires aux milliards d'années de l'évolution que le Grand Récit déploie ? Comment régler toute sa durée sur le modèle de lois issues d'un temps aussi minuscule que celui de l'histoire : sept mille années par rapport à des millions, et sur un pourcentage d'information aussi faible, celui de quelques langues humaines écrites ? Ce changement d'échelle, concernant, non plus l'espace, mais le temps, change-t-il la nécessité en contingence ? Ce qui paraît nécessaire à court terme devient-il contingent sur une interminable durée ? Les lois darwiniennes, par exemple, durent depuis trois milliards huit cents millions d'années ; elles entrent en lice, si j'ose dire, dès l'aurore du vivant, mais restaient imprévisibles et inattendues dans un univers où régnaient seulement des échanges d'énergie, physique ou chimique : compatibles avec eux, mais non déductibles d'eux. Aussi dures qu'elles se présentent aujourd'hui, alors nouvelles, elles advinrent contingentement. Un certain ordre de raison veut que la nécessité l'emporte sur la contingence ; nous découvrons, et voilà, sans doute, la nouveauté, que la contingence peut survenir, toute fragile, malgré la toute-puissance, écrasante et redondante, de la nécessité.

Je reviens au subjectif

À cette découverte neuve, du côté de la raison, s'ajoute une réjouissance, légère et secrète, du côté de l'existence et de ma joie. La mer grecque au large de Patmos ; l'immense océan hauturier, entre les Galapagos et les Marquises ; les glaciers du Groenland, vers la zone plus chaude où ils vêlent ; la Madabland, cime cylindrique de l'Himalaya, gardienne de l'Everest ; la fin des sommets des Andes aux alentours de la Patagonie ; cette aurore boréale à Montréal ; tel paysage de France, vert en Creuse, sec en Gascogne, rocheux en Bretagne, vertical aux parois des Alpes… ne me donnèrent pas tout à fait l'intense joie de leur beauté parce qu'ils pouvaient se déduire des principes de la géophysique, de l'optique, de l'électromagnétisme ou de la thermodynamique ; et pourtant, ils s'en déduisaient !

Cependant, cette nécessité se métamorphosait soudain, devant moi, en une contingence inimitable, dont le rayonnement singulier illuminait, là, le moment présent. Je ne t'aime pas seulement parce que j'obéis aux lois de l'engendrement sexuel – je m'y soumets cependant – mais parce qu'en une circonstance rare, je t'ai rencontrée, toi, inimitable. Poussée par une vocation irrésistible, ma vie se compose d'un somme contingente de rendez-vous au hasard, comportant, parfois, des points de tangence avec l'éternité. L'extase n'advient-elle pas de ce que cela, ici et maintenant fragile et fluent, se change en nécessaire, ou bien, par un retournement aussi miraculeux, de ce que telle règle implacable et redondante mute en un quotidien immédiat et rare ? La fatalité en liberté ? On dirait que tremblent, en même temps que mon corps et mon âme, ces deux catégories de la modalité, l'une se transformant en l'autre et réciproquement, à une vitesse étincelante.

À une semblable vibration, vous reconnaîtrez l'œuvre d'art vraie : couleurs et formes contingentes entre les mains fortuites de Manet ou de Soulages ; langue vernaculaire sous les plumes frémissantes de Racine ou de Céline ; sonorités simples de Couperin ou de Fauré ; marbre banal sous le ciseau de Houdon… tous devinrent soudain – miraculeusement ? – aussi nécessaires que les constellations du ciel. Nous autres travailleurs de la beauté n'avons de rêve fou que de transformer par la baguette magique de notre fragile technique, notre travail quotidien, aussi ordinaire que l'heure qui passe, en une œuvre nécessaire. Existe, dense, le rien ! Si donc je sais, d'expérience, à quel point cette improbable espérance engage le temps de mon existence, combien je tressaille de joie à voir, sur la fin de mes jours et comme à l'inverse, l'Univers entier, de moi comme des autres connu pour son implacable nécessité, se mettre, presque de soi, à chanter sa métamorphose en paysage contingent, ruisselant par le temps d'une beauté rare. Voilà mon dernier message.

Ou le voici. La beauté enivrante de l'aventure vitale, humaine et mondiale, ne vient-elle pas de ce que nous ne savons jamais si ce que nous pensons, ce que nous faisons, espérons ou sentons, ici, maintenant ou même pendant longtemps… tient à la contingence ou à la nécessité ; si, banals ou décisifs, nos actes et pensées nous engagent, et le monde et les autres, ou n'ont ni poids ni pertinence. Voilà, certes, des paysages, des œuvres et des aventures dont le hasard illumina mes jours ; mais voici surtout des personnes qui, par la même métamorphose, me conduisirent au troisième ciel. Comme l'extase de beauté, le transport d'amour change la loi en événement et l'événement en loi. Contingence et nécessité se transforment l'une dans l'autre, en une vibration qui nous fait tressaillir d'angoisse et d'allégresse.

De même que d'un récit timide, je surgis ; de même que d'une histoire, courte et mensongère, nous avons failli mourir ; de même de ce Grand Récit, de cet immense caducée où se tressent la contingence et la nécessité, l'homme et son humanisme naissent enfin aujourd'hui.

Subjectif, collectif, donc relatif

Je commençai par la Grèce, les mathématiques et la métaphysique. Déductive, démonstrative, formelle, cette pensée déclarative rencontre, devant elle et dans sa propre zone de validité, le pas à pas des algorithmes. En ce carrefour, que les ordinateurs et la biochimie revivifient aujourd'hui, je déviai du global au détail local, du schéma au paysage, de la figure au remplissement, du nécessaire au contingent. Ainsi accomplissai-je mon pèlerinage vers l'est, d'Athènes à Jérusalem, du *logos* au *muthos*, d'Euclide à la *Bible*, de Platon aux Évangiles, bref, de l'universel cognitif et objectif de l'être et du concept à l'universel humain, subjectif et collectif, du récit. Mais ce voyage avait commencé avec Lucrèce et *Rome*.

Depuis les Latins anciens jusqu'aux chrétiens modernes, la Ville Éternelle ne cessa de travailler à la synthèse entre les histoires et les formes. Rome réunit Athènes et Jérusalem. De même que Cicéron ou Lucrèce traduisirent les philosophies grecques dans une langue plus apte à raconter des récits à la Tite-Live, saint Thomas d'Aquin unit raison et tradition, démonstration et jurisprudence ; Descartes met en scène ses *Méditations ;* l'âge des Lumières associe l'*Encyclopédie* à *Jacques* et aux *Confessions*. La littérature hante la déduction.

Plutôt mathématicien, je viens de raconter des récits. Sans eux, la raison ne suffit pas ; et sans raison, le récit ne vaut. À l'une qui donne à l'autre le poids de vérité, l'autre rend l'accès vers tous. Leur ente s'universalise sans asservir. Pédagogique et cognitif, le pont entre sciences pures et littérature s'élargit jusqu'à exprimer, ici, la catholicité sémito-indo-européenne de l'Occident. Voilà ma manière oblique d'accéder au Grand Récit. Je ne prétends pas qu'on ne puisse parvenir à son universalité que par ces voies ; je ne les dévoile que pour avouer leur relativité. Ainsi ce livre court-il de mon humble errance à ma relative appartenance et de celle-ci à l'omnitude espérée. J'invite mes amis d'autres cultures à tracer leur propre chemin vers elle, où je leur donne, ce matin, rendez-vous.

Nous ne nous reconnaissons plus dans les divers élargissements de nos collectifs nationaux ou linguistiques en cultures ou en civilisations. Notre temps d'hominescence pose des questions et construit des objets tels que l'homme qu'il annonce coud l'aujourd'hui, non plus à des histoires, brévissimes, dispersées, mais au Grand Récit commun. Nous l'avions quitté naguère, nous le reprenons.

Trois récits d'hominisation

Bible : version hébraïque

En commençant, j'ai raconté comment, au moins à trois reprises, des groupes humains se séparèrent. Je reviens à mon début. J'invente à nouveau : un conte, si vous le voulez, un mythe, une histoire, une connaissance vraie, assurément un récit. Le voici. Parmi les abominables pirates et les braves gens qui sortirent d'Afrique et s'abandonnèrent les uns les autres allègrement, larmes et sanglots dans la gorge pourtant, une petite équipe, peut-être même un seul couple, au bout d'une errance dont je ne saurai jamais la longueur, accéda, par chance, à l'est d'Éden, non loin du golfe Persique, à un îlot, entre deux fleuves, sans prédateurs.

Un tel environnement peut contingentement se présenter. J'ai connu, sur la Garonne, une île-paradis d'où je n'apercevais que le ciel ; herboriste sur le lac de Bienne, Jean-Jacques en décrit une pareille ; assez récemment, des forçats que l'on y abandonna colonisèrent celle, vide et depuis dite de la Réunion ; voilà trois siècles à peine, une symphonie assourdissante d'oiseaux, volant par milliers d'espèces, aveuglantes de luxueux coloris, certains délicieux de chair, accueillit les premiers Maoris en une Nouvelle-Zélande déserte… Jules Verne et Robinson ne racontent pas que des balivernes. Disséminés sous toutes les latitudes, on put découvrir des isolats heureux. Je répète donc, en la généralisant, une histoire, invariante par ces variations, qui eût pu arriver à n'importe quel groupe errant de par le monde, resté dans son voisinage ou voyageant au large.

Donc ici venu, en un nid entre deux bras, Euphrate ou Gange, Orénoque ou Congo… ledit couple ne trouva ni crocodiles ni tigres aux dents de sabre, ni insectes dangereux ni germes mortels, un climat clément, des arbres fruitiers en abondance, des sources non polluées, du gibier qui se laissait prendre. Arrêtons-nous, dirent-ils. Comme l'espérance de vie s'accroît avec la vie opportune, ils s'adonnèrent aux délices innocentes de l'amour et du langage, nommèrent les bêtes et les plantes, adorèrent, connurent un peu.

Que se passa-t-il, en ce paradis de rencontre, qui ne laissait rien à désirer ? L'origine douce d'une dureté ? Parmi les arbres à fruits bons à manger, la Genèse dit qu'une femme, Ève, l'une parmi ces chasseurs-cueilleurs dont nous connaissons aujourd'hui l'existence et dont je viens de suivre l'errance, chuta. Comment ? Je crois, quant à moi, que, géniale, elle entrevit les lois qui régissent la vie ; la vie, je veux dire la flore et la faune, plantes et animaux, le serpent et le pommier. Qu'elle en devina la cruauté. Qu'elle voulut s'en détourner. Qu'elle vit que, pourtant, nous ne le pourrions jamais. Qu'elle découvrit que la vie, impliquant la mort, donc le crime, vivait en état de péché.

Avant cet instant principiel, le couple en question, mais aussi ses prédécesseurs depuis des millions d'années, ancêtres qui comptent à peine puisqu'ils n'avaient pas découvert le secret de l'hominité, ces deux humains, dis-je, dont je veux raconter, à mon tour, comment et pourquoi nous avons raison de les appeler nos premiers parents, participaient, dans l'île d'Éden comme partout ailleurs, de manière naïve, native, charnelle, sauvage, archaïque, originelle, naturelle, vitale, supralapsaire… à cette existence primitive où, pourchasseurs et pourchassés aussi bien et comme eux, le loup mange l'agneau, où le condor enlève la chèvre, où la tigresse chasse la gazelle… sans états d'âme, où les lois de la jungle obligent à dépecer pour manger ou à mourir proie et nourriture, à tuer le rival mâle pour couvrir une femelle à sa place, à dévorer les petits de celle-ci pour qu'elle retourne en chaleur, où, sans conscience de ces lois, parfaitement darwiniennes, de l'adaptation, de la sélection, de la réussite du plus apte, de la multiplication de la descendance, chaque vivant les assume dans la plus pure innocence. Au commencement, nous vivions sous ces lois, bêtes et hommes d'avant l'homme. L'état de nature auquel les philosophes politiques se réfèrent, la nature évolutive, telle que les néodarwiniens la décrivent, nous les voyons déployés dans le cratère du Ngorongoro, par l'*outback* australien… Édens dont le jardin se perpétue sous nos yeux, territoires où se déchirent d'impeccables tueurs.

Enfin une femme vint, que nous convenons de nommer Ève. En une révélation qu'on a pu dire transcendante, et que je ne vois pas comment, admiratif de sa génialité, appeler autrement, elle prit conscience de ces lois terrifiantes, du crime qui se cache au sein de l'innocence. Elle ne put plus supporter ce paradis, cette nature, cet état, ce temps évolutif, où la mort fait vivre la vie, où la vie continuée nécessite la mort que l'on donne. L'hominisation débute avec cette intuition, cette révélation, cette chute, entendez par là cette reconnaissance mélancolique, désespérée, tragique de l'inévitable horreur des lois qui régissent moins l'état de nature – imbécile oxymore qui suppose l'assiette statique d'un état qui n'eut jamais lieu ni temps alors que nous vivons dans le déséquilibre continué de ce qui ne cesse de naître – que l'évolution naturelle. Dégoûtée de tuer, criant de douleur devant les nécessités qui font survivre les vivants, face à l'obligation de s'y soumettre, nourrissant soudain l'espérance insensée de leur désobéir, l'humanité, en elle, par elle, après elle, bifurqua brusquement.

Je rêve qu'Ève rêva comme Isaïe le fit : « Le loup habitera avec l'agneau, la panthère se couchera avec le chevreau. Le veau, le lionceau et la bête grasse iront ensemble, conduits par le petit garçon. La vache et l'ourse paîtront ; ensemble se coucheront leurs petits. Comme le bœuf, le lion mangera de la paille. Le nourisson jouera sur le repaire de l'aspic, sur le trou de la vipère le jeune enfant mettra la main. On ne fera plus de mal ni de violence sur toute ma montagne sainte… » (Isaïe, XI, 6-9). Ève rêve de cette deuxième innocence pour qu'elle trouve criminelle la première : celle où le vivant, hétérotrophe, se trouve obligé, pour manger un autre vivant, de le mettre à mort d'abord. Pour ne pas tuer de bête, Ève se contente de croquer la pomme. Ainsi perd-elle l'innocence des autres vivants, impeccables assassins.

Au sein même de la vie, l'Éden contenait le Mal, lié à celle qui le connut. Comme un rameau jaillit du tronc, l'humain sort des normes naturelles et mortelles, lorsqu'il prend conscience des lois abominables de la vie brutale. Il émerge de haïr la mort et la violence que la lutte pour vivre porte en elle. Notre mère eut le courage transcendant d'approcher au voisinage de ce feu, brillant et brûlant, de la pomme délicieuse et du serpent répugnant. Je tue pour manger ; tous cherchent à me tuer pour prendre ma pitance, mes femelles et ma place ; je me vois obligé de céder à ces lois, naturelles, mais les trouve atroces et en conçois, lorsque je m'y plie, ou un plaisir pervers ou un dégoût nauséeux et, alors, une ineffaçable culpabilité... désir de la pomme, poison du serpent. L'homme, en nous comme en moi, naît du saut hors l'innocence, hors la nudité des tueurs impeccables : de ce Mal qui n'existait point avant qu'il le reconnaisse.

Je raconte, ici, de nouveau, un récit. Vrai ? Cette histoire d'Ève eut-elle lieu et temps ? Une fois ou mille, hier, voici des milliers ou des millions d'années, ici ou ailleurs ? Nul n'en témoigne ; je l'ouïs seulement lire ou réciter. Je ne la prétends pas d'histoire, comme on dit, ni d'exacte expérience, encore moins de logique rigueur. Cependant son récit sonne juste : dense de sens, il émane d'une connaissance profonde, de la certitude irrécusable qui ne cesse, en nous, de concerner la vie : nous la savons aimable et haïssable, bonne et criminelle, douce et dure, belle et hideuse, innocente, coupable, enthousiasmante, dévastatrice. Nous nous laissons aller à ses lois nécessaires et jugeons alors nos actes répugnants. Puis-je récrire la Genèse en langage darwinien ? Oui. N'importe qui porte le nom d'Ève, héroïne du récit ; toi, moi, nous, vous, femme et mâle, trouvant le péché dans l'innocence. Puis-je prétendre vrai mon récit ? Vif, excitant, heuristique surtout, il ouvre la voie de chercher plus avant.

Ainsi ne puis-je plus ne pas croire au péché originel, tant guerres et meurtres traversèrent ma vie, mes souvenirs d'existence et d'histoire, ma culture, tant cent tueries nous firent connaître l'abomination pérenne, non plus de l'état de nature, non plus seulement de l'évolution darwinienne, mais de l'histoire violente qui, en portant toujours la trace, reste en état de ce péché-là. Combien se prétendent hominiens et jouissent pourtant de se tuer les uns les autres, en faisant semblant de croire ces tueries nécessaires, sans avoir quelquefois besoin de manger. Je crois au péché originel, à la reproduction, sans cesse présente, de sa violence. Il oppose à la fois un obstacle permanent au processus d'hominisation, mais il lui permet une reprise continue, tant il engage la lutte à mener sans trêve pour en éloigner la terreur, toujours revenante. Je crois, de plus, pouvoir le nommer originel, parce que, de lui, l'hominien se leva : de prendre sur lui la culpabilité des lois, innocentes et darwiniennes, de la vie ; de souffrir de mourir ; d'avoir honte de tuer ; de savoir pourtant qu'on ne peut pas vivre sans manger, donc sans mettre à mort, sans aimer, donc sans risquer le refus, donc sans avoir de rival, donc sans danger de meurtre… de savoir enfin qu'il ne pourrait jamais plus vivre sans larmes. Ainsi naquit-il inconsolable. Nos exploits – de connaître ainsi les règles sélectives, Abel inventa l'élevage et Caïn l'agriculture – et nos pleurs intarissables – le meurtre pourtant reprit entre ces frères – coulent de la source du péché originel. Nous ne pouvons nous consoler de ce que jamais n'adviendra le deuxième rêve prophétique d'innocence. J'entends Ève secouée de sanglots, comme moi.

Alors, exclu de l'Éden, quittant à jamais les deux innocences, la criminelle, de fait, et la paisible, de rêve, l'humain, d'un même cœur, aima la vie et la détesta. Cet amour-haine de la nature et de la vie nous expulsa du paradis. La bifurcation hominienne, la voilà : chute et exclusion, chute du haut de l'inconscience animale, expulsion de l'évolution de nature où l'on tue sans états d'âme. Le rameau de notre espèce bifurque à partir de cet écart à la nature et aux lois de la vie. Dès la prise de conscience de la mort impliquée par elle et ses tueries sanglantes, nous perdîmes l'innocence. Le péché originel, auquel nous ne pouvons pas ne pas croire, tant il se répète au cours de notre histoire, si complaisante à conter la violence, si persuasive de la trouver nécessaire, tant il se répète au cours du temps, dans les rapports collectifs, à l'intime même de notre conscience, le péché de violence gît à la racine même de la vie impeccable. Elle impose de s'alimenter, de se reproduire, d'évoluer, donc de mourir et de tuer, au moins de tuer pour ne pas mourir ; j'ai devant moi, comme objet plus que vrai, irrécusable, comme problème, plus qu'insoluble, comme émotion, plus que bouleversante, ce mélange d'horreur et d'attirance, nous avons comme horizon l'amour-haine et la vie-mort. La première connaissance, préalable à la vérité, la voilà, sur l'arbre aux bifurcations. Darwin lui-même la connut et, devant elle, lui aussi s'émut.

La page qui précède, je l'ai conjuguée à loisir en mélangeant librement plusieurs sujets : je, tu, nous, et l'homme, en premières personnes. Récit subjectif, collectif, cognitif et objectif. Qui aurait aujourd'hui, par exemple, l'audace ou la naïveté de prétendre que l'homme naît bon et que la société le pervertit ? Je ne crois pas en ma bonté native ni, pardonne-moi, en la tienne, même si je t'aime, car j'ai ouï le génie de tes fureurs ; nul ne croit plus en la bonté d'aucun collectif – citez une société qui ait réussi à maintenir son histoire sans crimes ? –, ni en celle de l'homme en général, sauf en celle de ces innocents assassins supralapsaires, qui ne savaient ce qu'ils faisaient… pour rendre responsable du Mal la malignité de tel individu ou de la société, encore que les relations humaines combinent et multiplient celle qui hurle en chacun de nous. Je ne crois donc pas que le Mal provienne de l'un des sujets, je, tu, il, nous, vous, à l'exclusion des autres, innocents, ni, à la limite qu'il vienne de tous. Ni du diable à l'exclusion de Dieu. Ni de Dieu. Il vient de la vie.

Jadis et naguère, les philosophes construisirent un tribunal pour y faire comparaître tel ou tel, responsable du Mal. Je ne trouve, quant à moi, aucun sujet coupable. Ou, d'une façon, je trouve, quant à moi, tous les sujets coupables, y compris moi, puisque tous les sujets naquirent de la culpabilité, de la connaissance évidente de l'état premier d'innocence comme état criminel. Je crois le Mal objectif. Il émane de la vie, de l'évolution, des lois biologiques, de la sélection dite naturelle, de la mort constante qu'implique la perpétuation des vivants. Comme la pluie, le vent, la neige, la tempête et la canicule, la vie et ses lois demeurent innocentes, au jardin d'Éden comme au désert de Gobi, tant qu'elles ne rencontrent pas un sujet quelconque, Ève connaissante par exemple, sujet qui naît de cette rencontre et du sursaut d'amour et du hoquet d'horreur qu'elle ou il éprouve devant la vie et ses lois. Je crois donc le Mal objectif, subjectif et cognitif. Ce sujet nouveau-né ne veut plus mourir ni tuer ; il le doit pourtant s'il veut survivre. Il recule épouvanté devant ces contradictions, devant ce hasard et cette nécessité.

Ce recul, cet écart, cette chute, cette expulsion de l'innocence, voilà le rameau, la bifurcation hominiens. L'individu, le groupe, l'espèce, je, nous, tous... naissons, là, humains. De toute nécessité, je dois, nous devons négocier sans cesse avec la violence et la mort, au même titre que tout vivant de ce monde, mais je pleure, nous gémissons, je me tords de douleur, nous hurlons de culpabilité… de le faire : l'homme naît de faire violence et de se faire violence. Le sujet naquit de là. Tu ne tueras plus. Face au Mal de vivre, plongé, mains et pieds liés, dans la malignité, dans la méchanceté de vivre, l'homme universel commence, en tous les îlots-Édens disséminés de l'Euphrate à la Garonne et du Gange à l'Orénoque, avec cette double souffrance vécue à la fois et en temps réel par l'individu et le collectif. Il émerge des angoisses du *je*, du *tu* et du *nous*.

De plus, face à ce nouveau sujet, l'objet, de nouveau proprement humain, provient aussi de la mort, reçue ou donnée. L'écart à la loi de la vie forge, certes, le sujet, lorsque le vivant accomplit cet écart ; et ce sujet forge l'objet, puisque, face à moi, face à nous, face à l'homme, gît le premier objet, cadavre sans nom.

Je dois clarifier cet écart, que la tradition scripturaire qualifie de chute ou de péché originel. Cette bifurcation éloigne les hommes de l'innocence des plantes et des animaux. Du fait, patent, que nous admettions le darwinisme scientifique et que nous repoussions avec horreur le darwinisme social, ne devons-nous pas voir une preuve que nous distinguons, avec autant de dégoût que de clarté, l'écart qui sépare la loi nécessaire qui asservit la vie, de la liberté, salvatrice et fragile, de l'histoire humaine ? Non, nous ne nous soumettrons pas aux lois de la jungle.

Mais pourquoi dire chute, puisque, au contraire, ledit péché suscita l'homme hors le bestial, alors que ladite innocence livre la plaine et la forêt à toutes les cruautés, au bain des bêtes dans le sang ? Parce qu'en s'écartant de la tuerie pure, la culture qu'induisit la chute qualifia ce meurtre d'impur. Ève trouva la loi de s'assassiner immonde. L'homme naquit de la mort souillée. L'humain émergea de se trouver sali par la mort, infecté par la violence. Je ne dis pas que la culture ignorera le meurtre, mais, au moins, tuer lui posera une question ; qui, alors, la posera ? Dieu, sans doute, car Dieu dit : Caïn, où est ton frère Abel ? Il faudra répondre ; qui devra répondre ? Le terme de responsabilité vient de cette question-là. Nous voilà, en ce sens, responsables du Mal, puisque seul notre œil, seule notre âme nouvelle-née, le virent et le lurent dans l'innocence des tueurs sans âme ni regard.

Cet écart, cette bifurcation eut lieu, a toujours lieu, ici et maintenant, sous une émotion qui bouleverse comme une vague de fond. Elle tombe sur mon ventre comme sur l'utérus d'Ève. Il faut cette tempête pathétique pour que l'hominisation commence, pour que se forment les sujets, se forgent les objets, dont les rapports se développeront et donneront naissance à des connaissances. Cette émotion, auprès de laquelle toute autre passion me paraît froide, se développera et donnera naissance aux jouissances sadiques, aux pitiés surnaturelles, à des cruautés sans exemple chez les bêtes, à des charités dont l'état d'innocence ne connut pas le moindre degré. L'homme se métamorphosera en tyran abominable et doux humanitaire ; il courra en cliques de pirates et en ordres mendiants ; vivra le sexe tortionnaire ou de sublimes amours ; souffrira le mélange tragique du Bien et du Mal, si souvent indissoluble. Les connaissances les plus raffinées ne nous sauvent pas de ces atrocités, puisqu'elles se forment et se forgent ensemble. Le moteur permanent de nos développements reste cet écart à l'évolution que nous ne devons pas cesser d'ouvrir, cet abandon aux lois mortelles de la vie, plongé dans un refus horrifié de les suivre : les cultures se construisent de négocier sans cesse la mêlée originaire et innommable de violence atroce et d'amour universel.

Le processus d'hominisation n'a besoin, pour se clarifier, que des lois darwiniennes et de leur subit rebroussement dans les gestes d'un sujet, né soudain à la science de leur cruauté, né soudain de la conscience de leur abomination. Le Grand Récit raconte la bifurcation de notre rameau, mais beaucoup de récits religieux la disent aussi et tentent d'en rendre raison. Que certaines religions aient eu, un moment, horreur, à leur tour, de ces lois, se comprend aisément, puisque l'homme, je ne peux cesser de le répéter, naquit de s'en séparer en leur obéissant, puisque l'homme naît en permanence de la douleur qu'il en ressentit. L'homme fait écart à l'évolution. Darwin lui-même le pensa, le nota, le sut, le soutint, en gémit. Sans cet écart, l'hominien n'eût pu naître, il n'eût pu connaître, il n'eût pu pécher ni prendre pitié. Je me sépare des lois de la vie, donc je désespère et tressaille de joie. Je délaisse les lois de la vie, donc, libre, j'agis et choisis. Je m'écarte des lois de la vie, donc je pense et connais. Au commencement et en temps constant, action et pensée se mêlent indistinctement à cet affect bouleversant. Elles se fondent sur lui. J'en mourrai inconsolé.

En égrenant quelques épisodes, comme le jardin d'Éden, la chute et l'exclusion, le meurtre d'Abel par Caïn… la Genèse raconte, de manière fine et forte, cet écart brutal par rapport aux lois évolutives qui fit de nous les hommes que nous ne cessons de devenir. Le récit religieux s'approche de la science et de son Grand Récit, plus que l'on ne croit ; et quand la religion s'oppose au darwinisme, il et elle ignorent qu'elle le confirme et réciproquement. Ces luttes excitent les plus sots de ceux qui préfèrent le conflit à la pensée, la colère à l'invention.

En s'opposant aux lois de la vie, l'homme naît, aussi, connaisseur de ces lois. Désireux de s'arracher aux règles de la jungle, l'homme finit par connaître les lois darwiniennes de l'évolution. Nous portons sur les épaules les lois de l'innocence darwinienne, nous y obéissons, mais avec une telle honte, une telle culpabilité que nous bifurquons brusquement des cinq ou sept règnes vitaux. Nous ne vivrons jamais plus comme des vivants innocents. Le darwinisme social nous ramènerait à l'innocence bestiale de monstres assoiffés de sang ; appliqué, il précipiterait l'humanité, désormais munie d'armes globales, à l'éradication. Si nous réduisions notre écart, si nous revenions aux lois de la vie, par exemple à l'eugénisme, nous ne survivrions pas ; car l'innocence suppose l'ignorance. Nous ne pouvons plus ne pas connaître ; le savoir devient la condition humaine. Reconnaissons enfin comment les racines du savoir avoisinent celles du Mal.

La chute ou l'écart ouvrent un espace hors la vie, nommé de dix noms : collectif, pour les cultures ; subjectif, pour la conscience ; cognitif, pour l'esprit et la connaissance ; objectif, pour la science… ou, encore : pensée, liberté, humanisme, éthique, spiritualité… Importe peu l'appellation de ce monde neuf ; il s'agit simplement de le voir s'ouvrir, de le tenir ouvert. Je redoute parfois qu'il se ferme, tant nous subissons la délicieuse tentation de revenir aux lois de la vie, d'y retomber, d'y rechuter, de s'y laisser aller. Nous devons recommencer tous les matins le processus d'hominisation, l'ouverture de l'écart. Oui, nous devons en temps réel quitter la vie en y demeurant ; haïr la vie en continuant à l'aimer ; négocier sans arrêt un mélange doux-amer, extatique et douloureux, de meurtre et de cuisine, de rires et de larmes, de violence et de paix chèrement acquise, d'innocente sauvagerie et de culture fine, un des deux attracteurs nous écartant de l'autre, mais toujours plongé dans l'autre.

Du néolithique et d'aujourd'hui même date une seconde étape, celle de l'auto-évolution : notre timide maîtrise contemporaine des lois de la mutation suit directement de l'autre timide maîtrise des lois sélectives, par l'agriculture et l'élevage : Caïn, cultivateur, et Abel, pasteur... figurent ensemble ce début, avant le relais d'aujourd'hui. Non seulement nous savons raconter le Grand Récit, mais, connaissant la double dynamique de l'évolution, nous agissons sur la sélection et la mutation. Par-delà l'histoire, une fois de plus mise entre parenthèses, nous renouons avec le néolithique, avec cette origine que je récite.

D'une certaine manière, nous répétons, là encore, le début d'hominisation que je viens de tenter de décrire, dont la date, ancienne, retentit, comme en harmonie, avec celle-ci, lointaine et proche à la fois. Par une boucle formidable, nous revenons au commencement, quand d'inimaginables ancêtres accomplirent cet écart à l'évolution, nous entraînant à le maintenir, quoique notre destin restât lié à ses lois. Car aujourd'hui, renouant avec les gestes ancestraux des inventeurs de l'agriculture et de l'élevage, nous complétons, par une mainmise sur la mutation, leur mainmise sur la sélection. Devenant hommes, nous avions quitté l'évolution, en y restant collés ; nous la quittons une seconde fois, en l'objectivant dans des techniques. En deuxième génération, notre génétique revisite la Genèse.

Les OGM, le clonage, les nanobiotechnologies, le danger d'eugénisme... soulèvent des angoisses aussi lourdes que l'émotion qui accompagne le péché originel. Ayons le courage de cette comparaison : nous portons connaissance et violence dans les processus de naissance. Une nouvelle fois se jouent l'origine de l'homme, celle des vivants et leur évolution ramifiée. Nous nous écartons, une seconde fois, de l'évolution naturelle, d'une manière « naturelle » de naître, nous quittons l'innocence reproductive, la loterie hasardeuse de la « nature », des traditions millionnaires. Nos successeurs diront-ils plus tard qu'aujourd'hui nous avons quitté, nous aussi, le paradis ?

Écartés déjà du sang versé par les morts qu'entraînent la sélection, chasse, rut et compétition, percevant ce sang comme criminel et celui qui le verse comme peccamineux, nous nous écartons aujourd'hui, en manipulant la mutation, du lien de sang et de ses lignées généalogiques, nous devenons tous, peu à peu, des parents adoptifs.

L'humanisme suppose que nous connaissions l'homme. Nous pouvons désormais le raconter, d'abord. Nous récitons aisément son origine africaine, ses aventures dans le monde entier, ses habitats divers. Mais nous ne faisons pas que de la littérature, nous analysons aussi et pouvons combiner les éléments qui constituent l'homme. Nous savons répondre deux fois, en récits et en équations, à la question : d'où venons-nous ?

Si « nature » signifie ce qui va naître, alors nous pouvons dire pour la première fois que nous connaissons la nature humaine. Nous la connaissons à la fois dans le temps du récit évolutif comme dans celui de sa constitution. Nous savons où l'homme naquit, d'où il partit, quand et comment il quitta ce berceau, par où il passa, vers où il se dirigea, où il s'installa. Premier récit, le grand, dont j'ai dit, en Préface, quelques fragments. Je viens de raconter, ici, comment, à partir des lois mêmes de l'évolution, il devint l'homme que nous connaissons. Je dirais volontiers iréniques mes récits, capables d'apporter la paix en des batailles inutiles.

Mais nous savons, de plus, et de manière pratique, à partir de quels éléments l'homme se constitua et se développa, comme tous les vivants. Autre et même récit, celui des sciences les plus dures. Grâce à lui, nous pouvons enfin mettre la main sur ces éléments. Et si savoir veut dire pouvoir changer, nous pouvons enfin le changer si nous le voulons. Nous pouvons faire naître l'homme ainsi que tous les vivants. Nous le fîmes naître une première fois, comme le racontent les paléo-anthropologues ; nous le fîmes naître une deuxième fois, lorsque nous l'arrachâmes à l'évolution ; nous pouvons le faire naître aujourd'hui, une troisième. Il naîtra peut-être de cette nouvelle puissance et des problèmes qu'elle pose, de l'écart que nous adopterons devant cette possibilité. Nous connaissons, je le répète, la nature humaine au sens où le mot nature désigne la naissance : nous naquîmes d'une mutation d'ADN ; nous naquîmes en Afrique ; nous naquîmes, en Éden, de souffrir et de refuser la violence exigée par la vie ; nous naquîmes de culture et de parler ; nous naquîmes de connaissance et de volonté libre ; nous allons peut-être naître de technique.

Pour toutes ces raisons, l'humanisme vient de naître. Je le répète, par-delà l'histoire qui ne nous apprend presque rien d'utile sur cette question, il nous ramène à toutes nos origines : biochimique, paléoanthropologique, évolutive, technicienne… « naturelles » et culturelles. Cela ne signifie point le bonheur sur terre, mais l'ouverture d'une nouvelle conquête, d'une nouvelle lutte contre un avenir étrange, aussi étrange que celui qui s'ouvrit à Lucy ou à l'une de ses pareilles ; que celui qui s'ouvrit à Ève et Adam, lorsque leur premier écart leur fit quitter le paradis de l'innocence criminelle et « naturelle », pour se lancer dans un monde inconnu et libre ; aussi étrange que celui qui s'ouvrit devant Abel et Caïn, le saint et le meurtrier, lorsqu'ils dominèrent pour la première fois la sélection naturelle, par l'agriculture et l'élevage.

Nous ne savons pas où nous allons, mais, pour la première fois, nous savons vraiment d'où nous venons et parfois pourquoi. Nous tenons au moins un savoir dont l'assurance nous permet de prévoir que la violence et la mort ne cesseront jamais de nous accompagner sur ce nouveau sentier malaisé à tracer, entre et contre elles deux, vers la vie et la paix.

Fables : version grecque

Par vent arrière et mer belle, ils naviguaient à grandes journées au milieu de la mer Intérieure quand, un matin ordinaire, la vigie annonça terre droit devant. Ulysse le pacha n'en croyait pas ses yeux ni ses oreilles, aucun pratique n'ayant jamais signalé d'île en ces parages. Pourtant, un éperon rocheux tremblait, sous le soleil, à l'horizon. Brassant les voiles et laissant aller sur l'erre, ils jetèrent l'ancre dans une anse au sable noir. L'équipage descendit à terre pour l'explorer, sous le contrôle des officiers du bord.

L'île appartenait à une femme, Circé, magicienne, qui portait le nom du faucon qui tournoie au-dessus de ses proies, en cercles, comme en un cirque. Elle les reçut dans sa résidence et leur offrit, pour célébrer l'accueil, une boisson au goût étrange. Quoique, en racontant à l'hôtesse ses voyages vers des terres inhabitées, Ulysse en bût, il demeura stable sous sa forme humaine – il avait reçu d'Hermès un remède qui le préservait de tout poison

– pendant que ses matelots, sous l'effet d'une potion qui leur donnait le tournis, se transformaient en pourceaux. La langue française dit aussi bien : ils tournèrent porcs.

Ainsi chante l'*Odyssée*. Mais Homère comprend mal et ne finit pas le récit. La Fontaine le reprend et continue, en traçant un second cercle. Ulysse vantait donc ses exploits, pendant que ses matelots, sous l'effet d'un poison qui leur donnait le tournis, se transformaient, dit sa *Fable*, qui en mouette, qui en serpent, l'un en loup, l'autre en lion rugissant ; toute une ménagerie s'échappa soudain de la demeure pour envahir l'île, l'eau et l'air. La porcherie tourna en zoo. Chacun se collette avec sa propre bête.

Ulysse resta tel quel. Haut de taille, large d'épaules, bon conteur à la langue fertile et aux yeux lumineux, il se mit à réjouir la solitaire. Au cours des nuits qui suivirent, il se révéla même un amoureux maniable. L'enchanteresse s'enchanta de ce compagnonnage et rêva peu à peu de ne plus s'en passer. Finaud comme un Grec, il le devina. Et, par l'une de ces nuits douces où s'enivrent les amants par dialogues et caresses, il finit par avouer à la maîtresse des enchantements qu'il s'ennuyait ferme de ses compagnons et désirait les voir revenir à leur forme primitive d'hommes. Énamourée, elle accepta, mais à la condition qu'Ulysse leur demandât s'ils désiraient eux-mêmes revenir sur la métamorphose, bref qu'ils fussent libres de la décision.

Alors Ulysse entreprit d'aller voir le lion, qui lui répondit : « Tu te moques. Roi des vivants, sans rival ni prédateur, je dévore qui je veux ; lance mes lionnes à la chasse ; tout ce qui bouge s'incline devant mes griffes et s'angoisse de mes rugissements. Pourquoi me laisserais-je retransformer en obéissant bosco, risquant la peine de la bouline, mal couché, mal nourri, serviteur ? ». De même alla-t-il consulter la mouette, qui lui répondit : « Tu plaisantes. Je plane, considère la terre et les plages de haut, hante les zones suprêmes de l'air, me nourris à volonté de ce qui nage, en jouissant de plonger comme la foudre sur mes proies. Peux-tu croire que j'accepterai jamais de redevenir esclave, à hisser la voile au sifflet ? » Ainsi alla-t-il questionner le cerf, qui lui répondit : « Tu veux rire. Je domine les forêts de mes bois et dix biches de mon sexe ; je cours les halliers ; il m'arrive même de semer, à randon, des meutes de trente chiens bavant à mes trousses. Non, la vie sauvage me rend plus heureux que le mal de mer à bord. »Ainsi le pacha s'épuisa, d'autant de façons, à proposer la même libération à l'araignée, au sanglier, à la vipère, à la carpe et même au ver de terre… tous, sans exception, lui répondirent qu'ils préféraient demeurer en l'état. Solitaire, il revint chez Circé, dépité. Elle riait.

La Fontaine, vieilli, s'arrête là, comprend un peu mais, lui non plus, ne finit pas l'histoire. Certes, d'avoir absorbé le breuvage de Circé, les matelots tournent, chez lui, cigale et fourmi, corbeau et renard, loup et agneau, lion et moucheron… À son tour, et plus enchanteur encore que la magicienne, il métamorphose les cochons d'Homère en tous les animaux des *Fables* d'Ésope et des siennes propres. Son quasi dernier poème, au dernier livre, le douzième, où il varie ainsi sur l'histoire homérique, semble tirer la morale de ses *Fables* préalables, en montrant avec quelle aise enchantée les hommes descendent dans la peau des bêtes, mais combien, au contraire, ils se dégagent mal de cette enveloppe d'espèce. Voyez combien j'ai raison, semble-t-il dire, de m'adresser à votre nature commune de renard, héron, cigogne ou colombe plutôt qu'à votre rareté d'homme ! Votre liberté consisterait à vous dégager de cette bestialité, si partagée, à vous libérer enfin de mes *Fables*.

Comme il ne dit pas cela, je reprends le récit, en traçant un troisième cercle, pour tenter d'achever à sa place. En riant, donc, Circé, à son amant, dépité : « Pour métamorphoser tes marins en bêtes, dit-elle, il faut les pousser à peine ; ils y retourneraient d'eux-mêmes, comme à leur désir. Aucun secret ne se cache en mon breuvage ; tu pourrais leur donner de l'eau pure, les buveurs deviendraient aussi vite requin, crapaud, ours, vautour ou loup. Il suffit parfois d'attendre : le temps et l'âge les transforment de la sorte. Ils vieillissent dingos ; elles meurent paons. »

Honteuse de paraître moraliser, l'enchanteresse arrêta un discours dont le cynisme séparait de ses bras son amant, pensif. Dans la nuit lumineuse et devant la mer amère au sourire infini, Ulysse comprenait pour la première fois cet épisode étrange de son *Odyssée :* comme au jeu de l'oie, son vaisseau venait de s'abîmer, corps et biens, dans le puits commun de l'animalité. L'équipage et lui devaient-ils repartir à zéro, recommencer le jeu de la vie et de l'évolution ? Il mesurait l'attraction bestiale irrésistible qui inverse notre errance vers l'homme, qui nie, freine et contrarie les avancées de la pédagogie dont il écrivait sur les vagues divines les lignes.

J'insiste : d'un poids gigantesque, la mémoire de la chair vive nous ramène énergiquement des millions d'années en arrière ; nous redescendons à l'aise l'arbre des espèces d'où nous émergeâmes difficilement. Qui a chance de vivre homme meurt souvent insecte sec ou pieuvre grippe-sou ; chacun crève de sa propre bête. Mais la métamorphose directe, le devenirhomme à partir de l'animal, quelle ascèse, quelle ascension ! En une vie, comment arriver à reparcourir, pour soi-même, le chemin de l'hominisation qui, pendant des millions d'années, traversa chasse et violence, faim et désert, mer et soif, sueur et labour, exercice et piscine, courage et chantier, apprentissage, école, intelligence et science… plus l'adaptation à l'autre, au lit ? Qui ne préférerait recevoir, une fois pour toutes, griffes et crocs, innocence et dominance, saisons assignées d'amours ?

Oui, la légende d'Ulysse et de ses compagnons, tombés dans le puits aux bêtes, et variée si intelligemment par La Fontaine en sa fable, même si ce dernier ne la finit pas tout à fait, retrouve, ici et enfin, un fragment majeur du Grand Récit, qui, lui-même, la précède, la prolonge, lui donne sens et la suit : lisez en cette histoire, étonnamment conservée d'âge en âge, de langue française en grec et d'écriture en tradition orale, la longue et difficile patience de l'hominisation, évaluez combien coûte notre délivrance par rapport aux origines évolutives et la gratuité foudroyante de la retombée. Combien inutile et nuisible se révèle ce verbe être dans la question : qu'est-ce que l'homme ?, puisque nous ne cessons d'avancer vers lui, douloureusement, et de rechuter, soudain et de volonté gaie, vers la bête.

Une brusque bifurcation me fait prendre la tangente pour finir : si chaque fétiche montre comment un homme ou une femme luttent, victorieusement ou en vain, pour émerger de l'animal intimement mêlé à son corps, ce conte raconte l'intégralité des fétichismes sans paroles. Que voici.

Fétiches : version avant toute écriture

Serpent à plumes au visage de vieillard, Quetzalcóatl exprime-t-il, avant nos darwinismes, l'idée que les oiseaux sortent des reptiles et que le *sapiens* évolue par après ? En un bloc unique, cette chimère amalgame-t-elle un compte-temps des espèces ? La pyramide aztèque dresse-t-elle ainsi une échelle temporelle, un résumé d'évolution ? Ce jaillissement vertical du vivace en sa longue durée montre-t-il, ici, dans la Tenochtitlán dévastée, qu'indépendantes de nous, les civilisations que nous détruisîmes savaient la vie évolutive mieux que nous et avant nous ?

Couché à plat ventre, les quatre pattes repliées, voilà le taureau ; comment cette bête de terre peut-elle se doter, elle aussi, d'une tête de patriarche barbu ? En faisant pousser des ailes dans son dos. Ainsi pourra-t-elle voler, par degrés, vers le temple, passer son seuil, monter à l'autel et, recueillie, se métamorphoser en *sapiens* ou sage. *Introibo ad altare Dei.* Devant les ziggourats mésopotamiennes, l'ancêtre des chérubins, ce *kéroub* à trois corps, quadrupède, volatile et humain, statufie dans l'immobilité la même évolution : pour aller des sabots à la pensée, il faut deux ailes au moins ; pour transmuer un bovidé en sage méditatif, il faut passer par l'aigle. Alors, comme lui, vous et moi, transportés par les airs au-dessus de sa porte, irons en son temple adorer l'Éternel. Comme cette chimère garde, elle aussi, l'accès à un lieu sacré, nous n'hésitions point, jadis et naguère, à en déchiffrer le sens par images, interprétations, symboles… religieux. Et nous parlions aveuglément de fétichisme, de polythéisme, d'idole, comme dans le cas de Quetzalcóatl.

Savions-nous clairement ce que nous disions ?

Récentes, ces deux représentations évolutives rappellent un art pariétal plus ancien : au paléolithique supérieur, voici environ vingt mille ans, le fameux sorcier de la grotte des Trois-Frères, en Ariège, France, porte déjà une tête de renne ; à Lascaux, des Cro-Magnons peignirent, dans la scène du puits, un autre corps d'homme à chef et bec d'oiseau. Les gravures d'Afrique australe qui représentent des doubles semblables, moitié hommes et moitié animaux, datent, quant à elles, de trente mille ans. Certes, nous ne savons pas interpréter de telles énigmes : symboles ou rites ? Mais comprenons-nous mieux Aztèques et Assyriens ?

Que se renverse la perspective : au lieu de raconter qu'une religion quelconque, fétichiste, polythéiste, païenne, que sais-je, vénère ces mélanges de bêtes et d'humain, les respecte, les prie – je le répète, qui comprend vraiment ces assertions ? –, je dis que ces statues immobilisent l'évolution d'animaux en hommes et que ce processus d'hominisation passe par le religieux.

Le fétichisme vénère-t-il des chimères ? Pour ne rien comprendre à cette question et ne pas savoir lui donner de réponse, je préfère avancer que telle religion permet peut-être l'évolution, ainsi représentée, de la brute à l'humain. Ces statues, en effet, ne gardent ni ne couronnent un édifice politique, judiciaire ni théâtral, mais une construction où le sacré donne le sens des actes et des conduites. Qui entre à Lascaux ressent aussitôt le bouleversement qu'induit le temple, respectable, d'une religion inconnue ; certains paléontologues l'appellent chapelle Sixtine de la préhistoire. La métamorphose ici représentée entraîne-t-elle vers la piété ? Au contraire, celle-là devient-elle un moyen, le moteur, la condition de la métamorphose ?

Alors, oui, le serpent se couvre de plumes avant que ce volatile, vertébré, s'hominise et le taureau devient aigle pour que ce quadrupède, mammifère, s'humanise. Et ces deux transformations n'ont lieu que là, sur, devant ou dans un temple. Elles ne vont pas vers le sacré, mais le sacré les rend possibles. Sans le religieux, le passage évolutif de l'animal à l'homme n'eût pu avoir lieu. Nous le savons au moins depuis Cro-Magnon. En tout cas, voici l'effigie, réelle et concrète, immobile et statufiée, du processus d'hominisation. Ces bêtes évoluent vers leur tête.

À l'Ouest comme à l'Est, indépendamment, pyramides, temples, escaliers d'accès, statues et tabernacles... montent vers la verticale en vue de commémorer le plus grand événement qui eut jamais lieu et temps, pour nous, sur cette planète. Comment un taureau, serpent, volatile ou aigle... un oiseau, un cerf... évoluent-ils lentement vers la sapience ?

Non, l'énigme de la Sphinge n'a pas encore livré son secret. Nous n'en connaissons que la moitié. Le récit dit, en effet, qu'Œdipe répondit : l'homme, à la question triple du monstre lui demandant quelle bête a successivement quatre, deux et trois pieds. Le même récit ajoute qu'après cette solution, la Sphinge se donna la mort et qu'Œdipe s'en alla vers son destin. Nous répétons sottement le mot homme et croyons, comme lui, détenir la solution. Mais pourquoi la chimère se suiciderait-elle ?

Le chiffre définitif de l'énigme réside dans le récit même qui, de la bête questionneuse, humaine à demi mais proche de son agonie, va vers ce survivant, partant d'un nouveau pied, détaché de sa moitié de bête, unique, enfin décollé. Comment nommer ce mouvement de la mort animale vers le départ exclusivement humain, sinon une libération, sinon l'hominisation ? Le fétiche double vient d'accoucher de l'humain. Après cette naissance, il expire et disparaît.

Des représentations statuaires muettes s'extraient la parole, oui, ce récit, dit, de la rencontre entre Œdipe et la Sphinge, qui simule, symbolise, raconte, résume, affiche, commémore, encourage le passage entre le bipède et la bête Sphinge à quatre pieds, son ancêtre darwinienne. L'homme en sort, en naît, s'en délivre. Et voici un autre côté du secret : le religieux baigne ce récit, mythique ; au moins un si archaïque sacré que la mort ne peut le quitter.

De même que, chez La Fontaine, *Le Loup et le Chien* raconte le processus de domestication – comment, de prédateur à parasite, *Canis lupus* devint-il *Canis latrans* ? –, de même les fétiches doubles mi-bêtes mi-hommes racontent celui de l'hominisation. Là, bête et homme restaient collés ; ici, deux animaux bifurquants se détachent et courent à part, comme Œdipe se libère de la Sphinge. Profane et parleuse, la fable suit le mythe muet, statuaire et religieux. La domestication date d'une époque plus récente que l'hominisation. Loin de croire sur parole les animaux diserts des *Fables* ou de regarder les images et statues fétiches, je les vois tous évoluer en fondu enchaîné. Il s'agit moins de dieux que du processus qu'une extase rend possible.

Ces chimères montrent la sortie progressive et dure de l'état de bête. Nous ne pûmes nous en extraire qu'à des conditions coûteuses. Émergeant lentement, l'humain lui reste collé. Hélas, nous ressemblons encore à la Sphinge, au serpent à plumes, au taureau-*kéroub*, aux animaux parlants de la fable, à ces vivants à cornes ou à bec d'oiseau peints à l'âge des cavernes… plutôt qu'au héros thébain. Les dieux fétiches composites du président de Brosses, les monstres croisés de l'Égypte ancienne, toutes ces chimères d'Assyrie ou du Mexique, les apparitions bouleversantes de Lascaux... célèbrent donc, souvent avant l'écriture, dans une atmosphère de sacré, l'opération de désentrave par laquelle nous quittâmes et laissons continûment les espèces. Ils montrent, en effigie, l'origine de la désespèce. Comment pûmes et pouvons-nous encore détacher ces liens ou dissoudre ce collage ? À l'aide du religieux ? Y retombons-nous sans lui ? Comment briser nos chaînes d'os, de cartilages, de réflexes, de programmation, d'automaticité génétique ? Le religieux nous déprogramma-t-il ? Sa flamme fit-elle de nous des incandescents ?

Lente et graduelle, la rupture avec le monde animal et, plus généralement, naturel, suivie de l'entrée dans les possibles culturels, concerne, en effet, le programme. Le lien d'un vivant avec les choses du monde dépend de sa spécialisation, de sa différenciation. Nous devînmes culturels dès lors que nous allégeâmes cette détermination. Nous nous déliâmes, nous nous déprogrammâmes. L'automate génétique glisse vers l'apprentissage. Ce processus commence dès le monde animal, d'où le long collage. En voie d'hominisation encore, en voie même d'auto-évolution, nous ne cessons toujours de nous déspécialiser, de nous dédifférencier, de nous blanchir, incandescents. Telle espèce élit quelque détail dans l'environnement et y acquiert des fonctions parfaitement adaptées qui, comme en retour, lui permettent d'élire mieux encore ce détail. Rompre ce lien vissé laisse cette circonstance pour l'ensemble. La plante ou la bête choisissent parmi les choses du monde. Universalisant, l'homme s'ente au monde.

Nous ne cessons de blanchir ; pas encore incandescents, toujours un peu sales, isabelle même, nous n'arrêtons pas cette lessive progressive, chaotiquement scandée de rechutes dans la fosse à purin ; taureaux, nous tentons de nous détacher de l'herbe et de la fureur rouge, serpents de nos venins, aigles de nos agneaux et les trois de toisons, écailles, plumes, cornes, becs. Détachés des bêtes, nous vivons encore avec elles et hors d'elles ; elles nous hantent, alors que nous tentons d'habiter ailleurs. Notre peau se déshabille de ses poils, notre bouche ôte le bâillon de ses crocs, notre main se dégante de ses griffes, nous continuons à jeter notre gourme, pour nous dépouiller vivants, comme les victimes de Xipe Totec.

Voyez, au passage, comment, de nouveau, dès cette même origine, les objets techniques appareillent du corps, partie après partie. Le vêtement, ici : l'horrible sacrifice aztèque scalpe la victime humaine et le prêtre revêt ce loup, masque ou casque ; il l'écorche et se recouvre de sa peau comme robe. Passant au sacrifice animal, Hercule taille, de même, le cuir du lion de Némée ; habillé d'une peau qui fait peur, il passe pour fort et terrible, fétiche ou statue léonine, à l'aveuglement des imbéciles, car nous le savons nu dessous, comme tous. Ce dépouillement vers l'incandescence produit l'hominisation, en même temps que des techniques, ici vestimentaires, théâtrales ou de mascarade. L'humain n'en finit pas de se dénuder. Les techniques s'ensuivent de ce même appareillage. Le corps entier lui-même peut sortir du corps propre en entier, sous la forme de statues. Comment ai-je pu ne pas voir, jadis, ce processus artistique de sortie ? Nous sortons des fétiches, les fétiches sortent de nous.

Nous ne nous mîmes pas debout d'un coup, nous ne parlâmes point du jour au lendemain, nous ne fabriquâmes pas des outils à la minute, nous attendîmes même des millions d'années pour accéder aux peintures pariétales, à la géométrie, à une connaissance de la vie, nous vivons encore loin de la sagesse, qui de nous connaît l'amour ? Mais nous nous mîmes, mais nous nous mettons au monde ou le monde vint et vient à nous dans sa globalité : moins le deuil de l'autre que la mort ; moins ces pierres que l'objet ; moins aujourd'hui que le temps et toi que l'autre ; moins ici que l'horizon... bref, la bouleversante totalité. Alors que l'espèce stationne dans sa différence, notre genre s'hominisa, en s'ouvrant, extatiquement, à l'universel, alors même qu'il explosait en sous-familles culturelles. Nous nous consacrâmes à tels arts, à ces outils ou à telle langue, en nous arrachant aux spécialités animales à partir de cette extase.

L'hominisation en a besoin en temps réel, tous les jours et en cet instant même. La libération de la bête humaine ne se poursuit pas sans elle. Elle a partie liée avec le religieux qui ne s'effacera qu'au matin prodigieux où nous deviendrons des hommes, enfin. Pas demain la veille. La religion de ma culture nomme cet instant terminal : résurrection de la chair. Alors, sous la trémulation des cymbales et l'éclat des trompes, nous deviendrons hommes, entrant dans nos corps glorieux, délivrés du grouillement apocalyptique des bêtes.

Lorsque, parmi ses lecteurs, éditeurs ou traducteurs, il quête une réputation de sérieux et d'honnêteté, un auteur multiplie, dans ses ouvrages, les notes au bas de chaque page et y ajoute, à la fin, une énorme bibliographie munie d'un index.

Or, depuis de nombreuses années, il suffit d'appeler n'importe quel mot de n'importe quel livre sur un moteur de recherche pour obtenir, sur la Toile, tous les renseignements du monde sur toutes les questions qui s'y rattachent. Internet fait la somme de toutes les notes possibles et s'y substitue.

Au cours de vos voyages, vous avez cent fois observé que les hôtels demandent à leurs clients d'économiser les serviettes de toilette pour de louables raisons d'écologie. En renvoyant à cette intégrale de toute la documentation et en me privant de cette publicité, je tente, depuis que j'écris, d'économiser le papier.

Impression réalisée sur CAMERON par

BUSSIÈRE

GROUPE CPI

à Saint-Amand-Montrond (Cher)
en février 2006

N° d'éditeur : 0265-01/1.
N° d'imprimeur : 060379/4.
Dépôt légal : février 2006.

Imprimé en France